特別支援学校の音楽づくり

岡 ひろみ 著

■ 子どもが見つけた音でつくる楽しい授業 ■

クリエイツかもがわ
CREATES KAMOGAWA

はじめに

　「音楽はきらい」と、音楽室に入ってこない中1の女子生徒。「リコーダーと聴くといやな思い出がよみがえるんです」と、ピアノ横に座り込む高1の女子生徒。「ぼくの好きな音楽はこれです。先生、ぼくのスマホで聴いてみますか」と音楽の授業に参加することが増えてきた高3の男子生徒。
　音楽がきらいなわけじゃない。でも、音楽の授業に苦手意識をもっている生徒たち。

　私は34年間、特別支援学校で働いていた。
　教員生活は小学部から始まり、かわいい子どもたちと毎日、楽しい音楽があふれる学校生活だった。
　毎日の朝の会では、キーボードやギター、ウクレレでの伴奏で、童謡や「みんなのうた」、幼児向けのかわいい曲を使って、思いっきり声を出し、子どもたちも先生も身体と心が揺れ動いていた。全身を使う「サーキット」の授業では、軽やかなBGMを流し、「みるきく」の学習では、挿入歌や効果音を使って臨場感あふれるお話を展開していった。たとえば、おいもクッキーづくりの学習では、準備物やつくり方を歌詞に入れ込んだ自作曲を繰り返し歌っていた。楽しくて楽しくて、音楽がきらいな子どもがいるなんて考えたこともなかった。

　小学部の音楽三昧の生活から、中学部や高等部の担当にかわった時に、「音楽はきらい」という生徒に出会ったのである。
　なんで？　音楽がきらいってどういうこと？　どうしたら音楽の楽しさを伝えられるの？と私は悩み始めた。
　中学部や高等部には、地域の小学校や中学校から、特別支援学校に進学や転入してきた生徒がいる。その中の1人が、日々の授業や行事で私とのやりとりを重ねる中で、ぽつぽつと自分の気持ちを話してくれるようになった。本当に薄皮を一枚一枚剥ぐように少しずつである。ある時、その生徒が音楽がきらいになった理由をやっと教えてくれた。歌を歌う時に音程が取れない、リコーダーがうまく吹けない、でも学校の音楽発表会は参加しないといけないし、その練習が毎日ある。それはとってもいやな経験だったという。これが学校音楽への否定的な感情

につながっていたのである。

　学部が変わったことで、私の悩みは他にも出てきた。中学生や高校生が音楽の授業で使う曲が、いつまでも幼い子ども向きのメロディーや歌詞でいいのか？　たしかに、単純明快な歌詞や簡単で短いリズムやメロディーの繰り返しのある曲は、覚えやすく授業の雰囲気も盛り上がる。大きな声で喜んで歌う生徒も多い。でも、中には「しょーもな」と斜に構えて歌わない生徒もいる。本当はもっとちがう歌を歌いたいのではないか。もっとかっこいいメロディーやリズムの曲を演奏したいのではないかと考えるようになった。

　そんな悩みを抱えていた時に、私は大学院で音楽について深く考える機会に恵まれた。
　そこで出会ったのが「音楽づくり」である。1989（平成元）年に通常学校の学習指導要領に明記された音楽の表現領域の1つであるが、私はまったく知らなかった。
　自分が好きな音を見つける。見つけた音をつなげて自分だけの音楽をつくる。自分の音を友だちの音と重ねることで新たな音楽が生まれる。自分が考え出した音は全部認められる、失敗がない音楽。

　「音楽づくり」は特別支援学校の音楽の授業でこそ必要であり、私の悩みを解決できるのではないかと考えた。しかし、これまで特別支援学校における音楽づくりの実践例はなく、未知の世界であった。決まった曲を歌ったり演奏したりする授業ではない。子どもたちが自由に音を鳴らし始めると、教室がカオス状態になるのではないか。子どもたちが自分の音を出すことで、本当に音楽が楽しめるのか。不安が大きかった。
　そこで私は、授業の中で予想される生徒の様子をつぶさに拾い上げ、その対応をイメージした詳細な学習指導案を作成し、万全の準備を行った。
　そしていよいよ「音楽づくり」の研究授業を行う日。使用する楽器はトーンチャイムとトガトンである。今まで見たこともない楽器、どんな音がするのだろう、どうやって鳴らすのかなと、戸惑いの表情を見せる生徒もいた。
　しかし、私の授業意図を汲んだサブ指導の先生方の的確な動きと言葉、そして楽器の魅力に助けられて、生徒たちはどんどん授業の中に入ってきた。自分の音を見つけ、変化させ、友だちの音を聴いていた。まさに自分たちの音楽を奏ではじめたのである。予想以上の大成功であった。

　大学院で「音楽づくり」に出会ってから10年あまり。毎年、さまざまな生活年齢や発達段階、

障害特性のある生徒と音楽づくりの実践研究を行ってきた。どのような実態の子どもたちであっても、音楽づくりで主体的な音楽表現ができることを示してきた。竹筒楽器のトガトンや、縦長木製ボックスのカホン、武骨な形状で透き通る音色のトーンチャイム、横長木製ボックスのスリットドラムなどの打楽器を中心にさまざまな楽器を使ってきた。打楽器奏者とのコラボレーションや、大学の先生との共同研究も積み重ねてきた。こうして音楽づくりの魅力にはまっていった。

しかしながら、Part 4でも述べるが、2023年に実施した、特別支援学校の教員を対象にした、アンケート調査では、音楽づくりを「実践している」という回答は約6割であった。音楽づくりを「実施していない」と回答した人の理由としては、「音楽づくりを知らない」「音楽づくりはむずかしい」と記されていた。

ぜひ、音楽づくりを知ってほしい。生き生きとした音楽表現を、子どもたちも先生も一緒に楽しんでほしいと考えた。そのためには、音楽づくりの意義や、実践のコツをリアルに伝えたい。それが本書を執筆しようと思った私の思いである。

2024年3月

岡　ひろみ

　本書は、学会誌や紀要に掲載された論文や、学会で口頭発表したものをもとに大きく組み替えたものです。

- Part 2では、実際に実践した授業を7つ紹介しています。子どもたちの様子を細かく載せ、実際の様子がイメージできるように、そして、音楽づくりに取り組む際に、奏法の例として紹介する時のヒントになるようにと記しました。子どもたちの実態に合わせて、アレンジしながら取り入れてみてください。
- Part 3では、音楽づくりの歴史的背景と学習指導要領における位置づけをまとめています。音楽づくりが、いつ、どこで、だれが考えたものなのか、外国の音楽教育の状況や日本の音楽教育や教育行政から紐解いていきます。また、通常学校の学習指導要領および特別支援学校の学習指導要領の中での位置づけについて、具体的にみていきます。
- Part 4では、特別支援学校の音楽授業に関するアンケート調査から明らかになったことを紹介します。

もくじ

● はじめに　3

Part 1　音楽づくりとは　9

- 特別支援学校での音楽づくりの意味　10
- 音楽づくりのねらい　10
- 音楽づくりの基本要素　11
- 音楽づくりの指導について　12
- 定番！　音に気持ちを向ける活動　16
- 定番！　見つけた音をつなぐ活動　20

コラム①　指導者にとっての音楽づくり　22

Part 2　音楽づくりの実践編　23

1. 音を通して、人に気づく　26
   〈使用する楽器〉トガトン、机

2. 音を出すことへの安心感　34
   〈使用する楽器〉机、マリンバ、ティンパニなど

3. 楽器じゃないものが楽器に!?　指揮者役を中心にみんなで楽しむ　43
   〈使用する楽器〉ラップの芯、ドレミパイプなど

4. 不思議な音の世界で、偶然の音の響きを楽しむ　49
   〈使用する楽器〉お鈴(りん)

5. 好きな楽器を見つけよう　発達段階に合わせた楽器　56
   〈使用する楽器〉トーンチャイム、紙、スティック、トガトン、カホン

6. 図形楽譜をつかって、自分たちの音楽をつくりあげる　65
   〈使用する楽器〉スリットドラム

7. 自分の身体をうまく使って　71
   〈使用する楽器〉調理用ボウル、お椀、マリンバ

コラム② 打楽器奏者に求められる力　　　　　　　　　　　　33
　　　　　　──プロの奏者と音楽づくりをする時のポイント
　　　　　③ トガトンのつくりかた　　　　　　　　　　　　　33
　　　　　④ 音楽を楽しむ様子を伝えるためには　　　　　　　76

Part 3　音楽づくりの歴史的背景　　　　　　　　　　　　77

　1　外国の新しい音楽教育の状況　　　　　　　　　　　　78
　2　日本の音楽教育について　　　　　　　　　　　　　　79
　3　教育行政との関係──学習指導要領における位置づけ　79
　4　特別支援学校の音楽の教科書　　　　　　　　　　　　85
　　コラム⑤ 学習指導要領における「自由」について　　　87
　　　　　⑥ 「役に立つ」音楽とは？　　　　　　　　　　 87

Part 4　特別支援学校の音楽授業に関する　　　　　　　89
　　　　　アンケート調査より

　　コラム⑦ 音楽の正しさ　　　　　　　　　　　　　　　97
　　　　　⑧ ベトナムでの音楽づくり　　　　　　　　　　98

●引用・参考文献　　　　　　　　　　　　　　　　　　　100

●おわりに　　　　　　　　　　　　　　　　　　　　　　102

■ 本書でのお断り

〔楽器分類について〕
　本書での楽器分類については、発音原理を分類要素にしたホルンボステルとザックスの目録（「HS分類」と呼ぶ）に基づいて、体鳴楽器（皮膜のない打楽器、ガラガラ等）・膜鳴楽器（皮膜部分が振動する楽器、太鼓・ボンゴ等）・弦鳴楽器（振動弦をもつ楽器、ピアノ・バイオリン等）・気鳴楽器（空気振動によって音が発生する）の４つ、および後に電鳴楽器（機械的振動を電気的振動に増幅、電子オルガン等）が加わった５分類法で考えている。
本書で取り上げている楽器は、体鳴楽器が多く、膜鳴楽器や気鳴楽器もある。
参考：ウルリヒ・ミヒェルス（1989）『図解音楽事典』日本語版監修 角倉一朗、白水社
　　　黒沢隆朝（2019）『図解 世界楽器大事典』第Ⅵ版、雄山閣

〔楽器について〕
　本来楽器でないものを音を鳴らす道具として使用する時には、リリ・フリーデマン（2002）は「音具」と記し、『実用　音楽用語事典』（2007）では、本来の楽器から発する音を楽音、それ以外の音を噪音と区別しているが、本書では、本来の用途では区別せず、音の鳴る物として授業で使用する場合は、すべて楽器として表記している。

〔障害名について〕
　障害名は、その実践を行った際に、その子ども自身が診断されていたもしくは保護者から聞いた障害名を使用している。

〔登場人物について〕
　本書で登場する子どもたちの名前は、すべて仮名である。

Part 1
音楽づくりとは

音楽づくりとは

　音楽づくりとは、「音のおもしろさに気づき」、自分で「音を選んだりつなげたり」、時には「音楽の仕組みを生かして」音楽をつくる活動のことを指します。本書では、特に、特別支援学校での実践を取り上げます。

　歴史的な変遷や学習指導要領での扱われ方については、Part 3で詳しく扱うことにして、ここでは、音楽づくりの授業でのねらいや簡単な活動内容についてまとめます。

特別支援学校での音楽づくりの意味

　特別支援学校での音楽づくりでは、言葉を獲得していない、障害特性や機能的・心理的な要因で自己表現がむずかしい、音楽的な知識や技能に自信をもてていないような子どもたちにも、音楽の楽しさや表現することのおもしろさを学ぶきっかけをつくることを大事にしてきました。本書を読みながら、特別支援学校での音楽づくりの意味を感じていただければと思います。

音楽づくりのねらい

　学習指導要領をもとに、音楽づくりのねらいを5つに整理してみました。（▶Part 3参照）

ねらい❶	音のちがいやおもしろさに気づく。
ねらい❷	自分の音楽表現に思いをもつ。
ねらい❸	音楽のつくり方（つなげ方・重ね方）を工夫する。
ねらい❹	指導者や友だちと一緒に音楽をつくる。
ねらい❺	自分の自由な音楽表現を楽しむ。

音楽づくりの基本要素

　これら3つは音楽づくりの授業をする上での基本要素です。3つの要素を順番にしなければならない、3つの要素すべてを実施しなければならないということではありません。「好きな音を見つける」と「見つけた音をつなげる」、「好きな音を見つける」と「音を重ねる」など、子どもたちの実態によって組み合わせてみてください。

→ 好きな音を見つける　……ねらい ❶

　音そのものに気持ちを向けることから始めます。楽器を渡して、楽器を叩く・振るなどしながら、子どもたち自身の自由な発想で音を見つけていきます。時には、どこでどんな音がするのか聴くことに集中する時間[※1]をつくったり、本来は楽器でないものを使ったりすることで、音のちがいやおもしろさに気づく活動を重ねていきます。その中で、自分の気に入る好きな音を見つけながら、自分から音を出すことに関心をもっていきます。

→ 見つけた音をつなげる　……ねらい ❷❸❺

　音をつなげてみましょう。同じようなテンポで規則正しく鳴る音、たくさんつながる音、消えるような小さい音、子ども自身が奏でる音は生き生きとつながっていきます。こんな音を鳴らしてみるのはどうだろうと工夫したり、音楽の要素や仕組みに気づいていく子どももいます。

→ 音を重ねる　……ねらい ❸❹❺

　自分がつなげた音を、指導者や友だちの音と重ねていきます。指導者・友だちと、同時に・順番に・交代しながら音を奏でます。時には、プロの演奏家と一緒に演奏することもあります。

※1　R. マリー. シェーファーは『サウンド・エデュケーション』（2009, 春秋社）で、音の環境を「サウンドスケープ」と呼び、「音をより良く聴く」必要性を提唱している。訳者の鳥越けい子によれば、サウンド・エデュケーションとは、サウンドスケープの考え方を踏まえた教育プログラムの総称であるが、その本質的な意義は、私たちが音を通じて世界とつながる方法であり、「音をきく」「音について考える」「音で表現する」「音を記録する」「音を通じて環境に実際の働きかけをする」等の活動があると解説している。

音楽づくりの指導について

● 指導者に必要なこと

　子どもたちが表現している音を認め、子どもたちと一緒に音楽を楽しめることが大切です。実際に指導者自身がワークショップや参加型授業で、「音楽づくり」の楽しさ、つまり、自分で音を見つけ、その音で表現する楽しさを体感することも大切です。

　もちろん、音楽づくりの意義を理論的・系統的に知っていることや音楽の知識や技能をもっていること、音楽づくりのヒントやアイデアを豊富にもっていることも重要ですが、何よりも指導者自身が子どもたちと一緒に楽しむ気持ちが必要です。

● 授業の雰囲気づくり

　子どもたちの認識的な力や生活年齢、障害種別によって、音の出し方や出る音はちがいます。音に正解も不正解もありません。子どもたちが出す音はどんな音でもOKです。心を込めて出す音がそのまま認められる活動ですので、失敗はありません。活動の中には、好きな音を見つけること、音に浸ること、音でやりとりすることも含まれます。そのような活動を積み重ねることで、子どもたちは自分の音で表現することを楽しみはじめます。

音楽づくりに慣れるまでに　着目ポイント！

☐ 子どもが楽器に触れる様子に注目してみましょう！	☐ 子どもがどんな風に楽器を鳴らしているかよく見てみましょう。
・どんな表情？　　・どんな言葉？ ・どんな触り方？　・どんな行動？	・どの楽器をどんな風に鳴らしている？ 　（叩き方、さすり方、吹き方など）

　叩くと必ず音が鳴る、強弱や音色を自由に変えられる打楽器は、おすすめです。いつも使っている打楽器だけでなく、日本や外国には、さまざまな大きさや形の民族楽器があります。通常の奏法だけでなく、子どもたちが見つけた新たな奏法も見逃さないように！

〔指導者のコメントと反応〕

　どんな音でもOK！　失敗はない！　という雰囲気づくりが大事です。言葉で伝えるだけでなく、本当に自由に音を出して大丈夫だったという事実をつくることが大事です。

・目を合わせて、笑顔で伝える！

・タイムリーなコメントが必須!!

子どもたちは、自分が出した音に指導者や友だちがどんな反応するのか気になります。
　子どもが出した音は、丁寧に出した小さい音なのか、勇気を奮って出した勢いのある音なのかコメントします。
　音楽のイメージがもてるクラスでは、音の強さや速度、音色、音のつながりに関する音楽的なコメントを伝えることで、音楽的な学びの拡がりをつくることができます。

　とはいえ、「ちゃんと見てるよ」と伝わるコメントってどんなのだろう？って悩みますよね。以下にコメントの例を一部ご紹介します。Part2の実践編にも、子どもの行動に対応した声かけを入れるようにしているので、参考にしてみてください。

【指導者が使えるコメント例】
・高い音も低い音も使えていたね！
・指の本数を変えて、楽器を叩くなんておもしろい！
・途中で手拍子を入れるのも楽しいね！
・楽器の叩く位置を変えて鳴らしてみたのがgood！
・大きな音の中に、小さな音が入っていたのが、いいアクセントになっていたね！
・音色のちがい、音の大きさのちがい、音の高さのちがいをよく味わって演奏できていたね！
・少し長い休み（休符）を加えると、雰囲気に変化がでるよ！

● 楽器選びの大切さ

　音楽の素材は音です。どんな音を使うのか最初に考えることが大事です。それは同じような表現科目である美術や書道でどんな素材を使って作品をつくるのか考えるのと同じです。どんな楽器をどのように提示するのか、授業の前に指導者が実際に音を試しておきましょう。
　既成の打楽器、たとえば、鈴の場合なら、音楽の教科書では鈴を持った手首を叩く奏法が記されていますが、音楽づくりの授業においては、鈴全体を揺らしても、鈴に直接触れてもOKです。拍を明瞭に区切る曲を演奏する時には、手首を叩く奏法が適しているよというだけなのです。
　他にも、日用品の楽器、たとえばプラスチック製コップの場合は、材質や大きさによってコップ自体の共鳴音が異なります。大きさや重さで、扱いやすさが大きく変わってきます。心地よい音色で、かつ、子どもたちが使いやすいコップを事前に吟味しておくことで、音楽づくりの授業が心地よい音に包まれます。

そして、「音探し」の活動（P19参照）で、音そのものに気持ちを向けていきます。音を大事にすることが当たり前になった子どもたちは、歌唱や器楽の活動でも、こんな声がいいかな、この楽器はどんな音で鳴らそうかなと考え出します。こうして、子どもたちのお気に入りの音が、さまざまに連なり重なりあう音楽が響き渡るのです。

● サブ指導者との連携

サブ指導者との連携は、音楽づくりに限らず、特別支援学校では重要です。
特別支援学校でのサブ指導者の役割としては、以下の5つがあげられます。

① 中心指導者の指示や説明を、近くの子どもたちにわかりやすく伝える
② 子ども役になり、中心指導者の呼びかけに対して答える見本になる
③ 授業の進行を助ける
④ 子どもたちの様子（息づかい・表情・動き）をタイムリーに中心指導者に伝える
⑤ 子どもたちの動きを引き出し、授業を盛り上げる

①〜⑤を音楽づくりにあてはめて考えてみると、音楽づくりにおいて、サブ指導者は、子どもの気持ちを代弁したり、誘ったり、時には子どもの演奏をリードすることで、授業の自由な雰囲気づくりや盛り上げに大きな役割を果たします。サブ指導者は、聴き役としてだけでなく、子どもの演奏の真似やアレンジをすることで、子どもが内面にもっている気持ちやリズムを引き出すサポートをします。

子どもの主体的な動きを引き出すためには、指導者同士の連携は不可欠です。授業前には、十分に授業の流れを理解した上での計画・打ち合わせを行い、授業後には、子どもの表情や動きの変化、その理由について、指導者たちで意見交流をしましょう。こうした話し合いの積み重ねの中で、指導者が子どもたちを捉える力が育っていきます。

● 発表するということ

音楽作品は、美術や書道とちがい、形として残りません。時間とともに消えていきます。だからこそ発表は、とっておきの時間になるのです。（音楽を形として残す方法▶図形楽譜（P66参照）、録音・録画（P70参照））

発表の姿は、自信たっぷりに発表する子ども、これでいいのかなとおそるおそる発表する子どもとさまざま。どんな子どもの発表でも、その子どもが心を込めて出す音は友だちに伝わります。発表後は、教室中が温かな雰囲気に包み込まれるのです。

〔1人で発表する〕
　自分で選んだ音をつないで、音楽をつくり、みんなの前で発表する。
　1人での発表は、教室の中で自分の音だけが響く緊張の時間になります。そこで指導者は、今ここで、この子どもはどんな気持ちなのかを捉えることや、察することが必要です。
　たとえば、今は恥ずかしくて音を鳴らすことはできなくても、時間がたてば、音を出せるようになることがあります。思わぬ大きい音になることや、繊細でかわいい音が出ることもあります。自分が出した音をすぐにほめてほしい子どもも、みんなの前でほめられるより自分でじっくり味わう時間がほしい子どももいます。
　子どもとのかかわりのポイントとしては、とにかくじっくりゆっくり、自分と向き合う時間や周りの様子が見える時間をつくることです。指導者は自分が出したいタイミングでいい、今すぐ音を出さなくてもいいというメッセージを伝え続けます。

〔グループで発表する〕
　グループで音楽をつくる時は、まとめ役が必要です。何回も音楽づくりを経験しているクラスでは、子どもたちだけでオリジナル音楽をつくることができますが、慣れないうちは、話し合いに指導者が入って、子どもたちの思いを引き出すことをおすすめします。
　つなぎ方は、同じリズムやフレーズを繰り返す方法（カノン形式）や、始めと終わりを同じ音型にする方法（3部形式）、ソロ演奏とソロ演奏の間に同じ音型を入れてつないでいく方法（ロンド形式）等を知っていると、音楽的なまとまりをつくりやすくなります。子どもたちとやりとりしながら、音の強弱、速度や音色を決めていきます。音楽の終わり方も、終わりの合図を決めるのか、アイコンタクトで終わるのか、だんだん小さく消えていくのか、だんだん大きくするのか、止めの一音を鳴らすのか等々を考えていきます。こうして、子どもたちと一緒に考えていき、自分たちで音楽をつくった達成感が感じられることがポイントです。メンバーの組み方も配慮すべき点ですので、「グループ分けのヒント」（P42）を参照してください。
　また、グループで音楽をつくり、発表する時に、図形楽譜づくりを取り入れることで、つくっている音楽が「見える化」されます。今、どこを演奏しているかを共有できるので、発表する時の助けになります。

🥁 定番！ 音に気持ちを向ける活動

どんな音を使うのか、「素材となる音そのものへの関心を高める」ことは、音楽づくりの基本になります。音に気づき、音のちがいやおもしろさに気づくための活動をご紹介します。

● 音見つけ

〔音が聴こえる方向を指さす〕

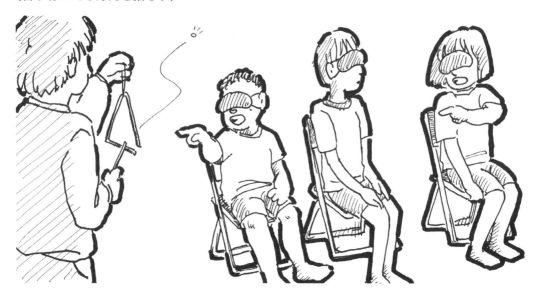

子どもたちは、人が通れるぐらいの距離を空けた椅子に座って、まずは目を開けたままスタンバイ。指導者は、楽器（例：カスタネット、タンブリン）を鳴らしながら教室の中を歩きます。楽器が移動すると、指している指の方向も変わります。目は開けているので、目と耳を使って、音が鳴る方向を指さすことができます。まずは、安心できることがポイントです。活動意図がわからない子どもに対しては、サブ指導者が近くで説明したり、一緒に活動しましょう。

その後、目を閉じます。耳だけが頼りになるので、緊張します。活動の要領としては目を開けている時と同じです。目を閉じることがむずかしい子どもがいる場合は、紙袋を頭からかぶったり、アイマスクをつけたりしました。

さらに、次の段階のアイデアとしては、楽器の種類を増やすために、楽器を鳴らす人を増やしてもいいですね。1つめに木質系楽器（例：カスタネット）を選んだ場合は、2つめの楽器は金属系

笛

カバサ

楽器（例：トライアングル）など、まったくちがう音色の楽器がわかりやすいです。楽器を持った人が入れ替わることで、指さししている手が交差するので、難易度を上げることもできます。

〔音の方向に歩いてみる〕

　目を閉じて、音の鳴る方向に向かって歩いていきます。体育館などの広い場所ですると、移動距離が長くなるので手応えがあります。音楽室であれば、膝立ち歩き（ペンギン歩き）や四つばい（お馬さん歩き）で、移動に抵抗をつくることで、ゆっくり音を聴く余裕が生まれます。鈴やカスタネットなどの小さい楽器の場合、音源（楽器）にピンポイントに近づくことはむずかしいので、楽器を鳴らしている指導者にタッチすることで、難易度を調整することができます。

〔身近な物から好きな音探し〕
　教室にある物の中から、自分が好きな音を探します。宿題として、家にある物から好きな音を探してくることもありました。本を開閉させるパカパカ音、エレクトーンの蛇腹蓋のジャラジャラ音、化粧ポーチのカチャカチャ音など、いろいろな音を鳴らしながら、音を探し、選ぶことを楽しみます。これは楽器ではないものの音に気持ちを向けるきっかけにもなる活動です。

〔聴こえた音を書く〕
　これは書き言葉を獲得している子どものクラスで行うことができる取り組みです。
　１つ目は、教室の中で今聴こえている音をすべて紙に書き出すという活動です。授業中なの

で、大きな音が聴こえない、静かな音環境かもしれませんが、耳をすますと音が聴こえてきます。校門の開閉の音、ヘリコプターの音、空調の音、指導者が話す声、友だちがペンで書いている音など。玄関や屋上などの屋外に出ると聴こえる音が拡がります。自分の「心臓の音」と書いた子どもは、心の耳で聴こえていると教えてくれました。

　２つ目は、朝起きてから学校に来るまでの間に聴いた音を書き出すという活動です。歯磨きの時の音、スクールバスのドアの音、鳥の声などたくさんの音が子どもたちから出てきます。

　書き終わった時には、発表タイムを設けます。さらに音への関心を深めるために、子どもたちが見つけた音を黒板に書く時に、人工的な音と自然の音を分けて書いてみることもありました。音を分けた基準を子どもたちに尋ねることもあります。さらに、自分が書いた音の中で、とても好きな音には◎、好きな音は○、嫌いな音には×をつける、あるいは、大きな音には大、小さい音には小をつけるなど、音にはいろいろな種類があることを再認識できるようにします（同じ課題を大学の授業で行ったことがあります。大学生も夢中になって書きます。そして授業後の感想で、「こんなにいろいろな音を聴いていたことにびっくりした」「普段は聴き流している音に気づくようになった」と、書いてありました）。

　日常生活の中には、聴こえていても気がつかない、意識しないとわからないような、なにげないささいな音があふれているのですね。

今、きこえている音を書いてみましょう。		
	大きな音／小さな音	すきな音／きらいな音
エアコンの音		
ペンで書く音	小	
戸を閉める音		×
先生の声	大	
となりの教室の音		○
車の音		
カラスの声		

● 音当て

　机の上に楽器を並べて衝立で隠します。並べる楽器は、魚やカエルの形をしたギロや、木皮や動物の内臓で作ったマラカスなど、アジアやアフリカの民族楽器等、子どもたちにとって、形や音が初対面の物の方が盛り上がります。音の出るおもちゃでも楽しいです。衝立のうしろで楽器を鳴らす役は、指導者でなく子どもたちにしてもらってもいいですね。

　他の活動例としては、楽器の音を覚える時間をつくって、再度同じ音を探すクイズも、音を聴き分けようとするきっかけの取り組みになります。

マラカス

ツリーチャイム

カリンバ

こきりこささら

ギロ

音の出るおもちゃ

● 音探し

　音楽づくりの授業をする上で、最初に楽器を提示した時に大切にしたい定番の活動です。

　子どもたちが自由に楽器を触り、音の鳴らし方を探ります。はじめから指導者が前で見本を見せるということはしません。子どもたちの自由な発想に委ねます。

　トガトンを例にあげると、手で叩く、ひっかく、さする、指で弾く、床に打ちつける、転がす、息をふきかける、ペンを楽器の中に入れて揺らす等々。手の形や打つ場所を変えれば音が変わることを子どもたちは少しずつ発見していきます。あの音、この音、自分の気に入った音を見つける時間になります。友だちの様子を見て、子どもたちの音はどんどん拡がっていきます。

🥁 定番！ 見つけた音をつなぐ活動

● 音回し

　音回しは、円陣に座り、1人ずつ順に1音ずつ、あるいは1フレーズずつ音を鳴らして、音を回していく活動です。トレヴァー・ウィシャート（1987）が「手拍子回し」、高倉・上原（2013）が「拍手ゲーム」、島崎篤子（1993）が「音つなぎゲーム」として紹介しているものを、私が「音回し」と称して特別支援学校で実践した例を紹介します。

〔速度を変える〕

　隣の人に音を回す速度を変えます。まず普通の速さで友だちと音が連なる楽しさを感じます。次にゆっくりとしたスピードで回していきます。トーンチャイムのように残響がある楽器の場合は、隣の人の音が減衰して、もう聴こえないと思った時に次の人が鳴らすようにすると、1つずつの音を集中して聴くことになります。最後に速いスピードにトライします。隣の人のもう1人前の人が鳴らしたタイミングで音を鳴らすとさらに速いスピードで音を回すことができ、次々重なる音で、場が盛り上がります。

〔反対回し〕

　まずは時計回りで音を回していきます。1周終えると、反時計回りに変えます。音を回す前後の友だちが変わり、連なり方や重なり方が変わるので、またちがった音楽をつくることができます。

　さらに、発展としてですが、時計回りと反時計回りを同時に行うことで聴こえる音の数が増え、複雑な音の重なりをつくることができます。

〔楽器を変える〕

　トーンチャイム等の残響のある音、クラベスや手拍子のように明瞭な音、あるいはボディーパーカッションや新聞紙破りのような工夫のバリエーションが多い音は、音回しで連なる音の雰囲気が異なります。共鳴し合う音を感じさせたいのか、リズムの楽しさを感じさせたいのか、音を工夫する楽しさを感じさせたいのか、授業のねらいによって楽器は変わります。

クラベス

〔1音回しから1フレーズ回しへ〕

　1人1音ずつ鳴らす1音回しの次は、1人が3秒程度の1つのフレーズをつくって回す1フレーズ回しに挑戦です。フレーズ例としては、①｜♩♫♩♪｜、②｜♩♫♩♩♪♩♩｜、③｜♫♫♫♫♪♩｜のようなまとまったリズムフレーズ、あるいは連打でクレッシェンド（だんだん強く）するフレーズ、ディミヌエンド（だんだん弱く）して消えていくフレーズ等々、バリエーションが拡がります。1人1音回しに比べると、演奏時間が長くなるので音楽として聴き応えがあります。最後の子どもの演奏が終わった時に、拍手と歓声とともに、「今のは〇組だけの音楽ができたね。今度は録音しておいて、CDをつくろうか」とコメントすると、子どもたちは大喜びです。

> コラム

❶ 指導者にとっての音楽づくり

　音楽づくりは、指導者にとっても魅力的な活動です。音楽が得意な指導者だけでなく、音楽が苦手な指導者も、子どもたちの自由な音楽表現を引き出して、一緒に楽しむことができる活動です。むずかしそうと思われるかもしれませんが、指導者に求められる力は、子どもたちがどんな気持ちでどんな音を出しているのか理解することと、受け止めることです。そして、その子どもの音に誠心誠意向き合うことで、子どもとのやりとりが成立します。やりとりの中で子どもの主体性も培われていきます。これらはまさに授業力です。どんな教科の学習でも必要な力です。

　音楽づくりは指導者の指導力が試されるとともに、指導力が培われていく機会でもあります。
　チームティーチングが基本になる特別支援学校では、サブ指導者との連携は不可欠です。子どもたちのその時々の動きや言動から、思いをくみ取り、やりとりをしていく時には、子どもを中心においた指導者たちの繊細かつダイナミックなやりとりが、あらゆる授業のベースになります。こうした指導者同士の連携力と音楽づくりとは密接に関係しています。

　もちろん、私が実践を積み重ねてきた中で、サブ指導者の理解を得られなかったことや失敗したこともあります。サブ指導者から「子どもたちは自由に音を出すのではなく、正しく綺麗な音が出せるように教えるべき」「何回も練習させた方がいい」などの意見が出たこともあり、授業の目的や方法、子どもたちにつけたい力を共有することがむずかしいこともありました。
　また、子どもたちがつくった音楽づくりの作品を文化祭で発表するために練習を重ねたことで、楽しさが失われしまうという失敗をしたこともあります。他にも、参観日で音楽づくりをした時、子どもたちの様子を見ている保護者の中に冴えない表情の方がおられたこともありました。その時は保護者の方にも楽器を渡して、子どもたちと一緒に音楽づくりに参加してもらうことで、楽しさを共有できたこともあります。音楽づくりは聴くだけではなく、自分も一緒に音を奏でることで楽しさが共有できることを改めて感じたできごとでした。

　うまくいかないこともたくさんありますが、音楽づくりを通して、指導者も指導力や対応力を培うことができるのです。

Part 2
音楽づくりの実践編

音楽づくりの実践編

音楽づくりの経験がない指導者でも取り入れやすいように、実際に行った授業事例をご紹介します。
記した通りこのままの授業でなければならないわけではありません。
担当する子どもたちの実態に合わせて、「音楽づくり」を目いっぱい楽しんでください。
7つの事例は、認識発達的に幼い子どもの実践から
順に取り上げています。

■ 子ども・集団の情報
実践した学部やクラスの人数とあわせて、事例で取り上げている子どもの障害名や発達段階、性格などを示しています。

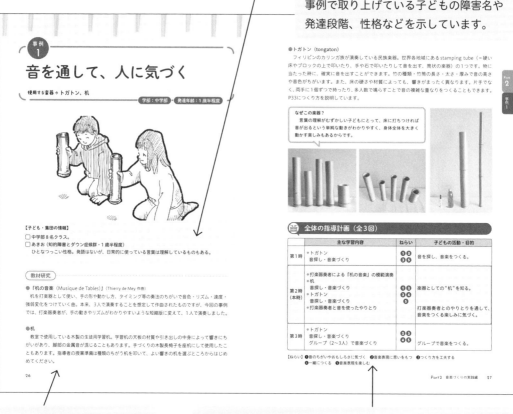

■ 教材研究
事例の中で使用している楽器や曲の説明など、授業で使う楽器選びの参考に。

■ 全体の指導計画
単元全体の指導計画の例を示しています。
主な学習内容に対応させて、活動のねらいと子どもの活動・目的を記しています。

❶ 音のちがいやおもしろさに気づく。
❷ 自分の音楽表現に思いをもつ。
❸ 音楽のつくり方（つなげ方・重ね方）を工夫する。
❹ 指導者や友だちと一緒に音楽をつくる。
❺ 自分の自由な音楽表現を楽しむ。

■ **本時の授業の流れ**
先に示した単元の中で、事例で取り上げている時間の授業の流れを導入・展開・まとめに分けて記しています。
Tは指導者（Teacher）の発言例を取り上げています。

■ **子どもの様子から考える**
実際の子どもたちの様子の記録をまとめました。具体的な操作については、音楽づくりの実践に取り組む中で、子どもたちの奏法が参考になればと思い、なるべく詳細に記しました。また、「指導者の視点」では、子どもの様子と対応させて、指導者が読み取れることや考えられること、考えるべきことを記しています。

■ **発達的にみると**
子どもの様子を発達的に見た時のポイントをまとめています。

■ **授業づくりを考える**
授業をつくるにあたって、指導者として考えるべきことや大事にすべき点をまとめました。また、本時の紹介では取り上げなかった授業での活動例なども記しています。

Part2 音楽づくりの実践編　25

音を通して、人に気づく

使用する楽器 → トガトン、机

学部：中学部 ・ 発達年齢：1歳半程度

【子ども・集団の情報】
- 中学部8名クラス。
- あきお（知的障害とダウン症候群・1歳半程度）
  ひとなつっこい性格。発語はないが、日常的に使っている言葉は理解しているものもある。

教材研究

● 『机の音楽（Musique de Tables）』（Thierry de Mey 作曲）

　机を打楽器として使い、手の形や動かし方、タイミング等の奏法のちがいで音色・リズム・速度・強弱変化をつけていく曲。本来、3人で演奏することを想定して作曲されたものですが、今回の事例では、打楽器奏者が、手の動きやリズムがわかりやすいような短縮版に変えて、1人で演奏しました。

● 机

　教室で使用している木製の生徒用学習机。学習机の天板の材質や引き出しの中身によって響きにちがいがあり、脚部の金属音が混じることもあります。手づくりの木製長椅子を座机にして使用したこともあります。指導者の授業準備は種類のちがう机を叩いて、よい響きの机を選ぶところからはじめてください。

● トガトン（tongaton）

　フィリピンのカリンガ族が演奏している民族楽器。世界各地域にあるstamping tube（＝硬い床やブロックの上で叩いたり、手や石で叩いたりして音を出す、筒状の楽器）の1つです。物に当たった時に、確実に音を出すことができます。竹の種類・竹筒の長さ・太さ・厚みで音の高さや音色がちがいます。また、床の硬さや材質によっても、響きがまったく異なります。片手でなく、両手に1個ずつで持ったり、多人数で鳴らすことで音の複雑な重なりをつくることもできます。P33につくり方を説明しています。

> なぜこの楽器？
> 　言葉の理解がむずかしい子どもにとって、床に打ちつければ音が出るという単純な動きがわかりやすく、身体全体を大きく動かす楽しみもあるからです。

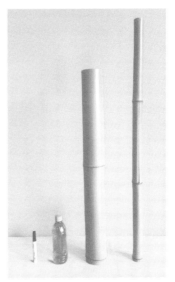

全体の指導計画（全3回）

	主な学習内容	ねらい	子どもの活動・目的
第1時	●トガトン 　音探し・音楽づくり	❶❷ ❸❺	音を探し、音楽をつくる。
第2時 （本時）	●打楽器奏者による『机の音楽』の模範演奏 ●机 　音探し・音楽づくり ●トガトン 　音探し・音楽づくり ●打楽器奏者と音を使ったやりとり	❶❷ ❸❹ ❺	楽器としての"机"を知る。 打楽器奏者とのやりとりを通して、音楽をつくる楽しみに気づく。
第3時	●トガトン 　音探し・音楽づくり 　グループ（2〜3人）で音楽づくり	❷❸ ❹❺	グループで音楽をつくる。

【ねらい】❶音のちがいやおもしろさに気づく　❷音楽表現に思いをもつ　❸つくり方を工夫する
　　　　❹一緒につくる　❺音楽表現を楽しむ

本時（第2時／全3回）の授業の流れ

	活動内容	授業のポイントや言葉かけの例	ねらい
導入	●タンブリンを鳴らしながら打楽器奏者が登場	T「何の音かな。どこから聴こえてくるのかな」 ●音に注目を集め、活動への期待感を高める。	❶
	●打楽器奏者による『机の音楽』の模範演奏	T「机が楽器になるんですか!?」 ●子どもの身近にある机が、楽器になることの意外性を印象づける。	❶❷
展開	〔机〕 ●音探し ●音楽づくり	T「机でどんな音がするかな」 ●さまざまな奏法で自由に音を鳴らし始める。 例）手の向きや形を変える。机を打つ位置を変える。強弱や速度を変える。	❶❷ ❸❺
	●1人ずつ発表	●Tは発表が終わるたびにコメントを伝える。 「小さい音は緊張しますね。とってもすてきな音でした」 「○○さんの音は優しいね」 「○○さんと△△さんの音は、ちがうね」 「□□さんの指の動きがかっこよかったです」	
	〔トガトン〕 ●音探し	●自由な持ち方や打ち方で、子どもたちがトガトンに触れる機会をつくる。 T「打ち方を変えると、音がちがってきますね。もっと他の鳴らし方も考えてみて」 例）床で打つ。指で弾く。竹筒の中にペンを入れて振る。両手に持ったトガトンを打ち合わせる。床に置いたトガトンを手に持ったトガトンで打つ。	❶❷❸ ❹❺
	●音楽づくり	T「音をつなげていってね」 ●音楽をつくることへ意識を向けていく。	

【ねらい】❶音のちがいやおもしろさに気づく　❷音楽表現に思いをもつ　❸つくり方を工夫する　❹一緒につくる　❺音楽表現を楽しむ

| まとめ | ・打楽器奏者と合奏
子ども：トガトン
打楽器奏者：マリンバ | T「みんなのトガトンと○○さん（打楽器奏者）のマリンバを一緒に演奏したらどんな音楽になるかな」
・子どもたちは、それぞれのタイミングで音を鳴らし始める。
・トガトンとマリンバの音が繰り返されたり重なったりすることを楽しみ、他者との音楽をつくりあげる楽しさを知る。 | ❷❸
❹❺ |

子どもの様子から考える

〔ひとなつっこいあきおさん〕

● 机の演奏の様子

　模範演奏をちらちらと笑顔で見ていた。演奏が終わるとすぐに、自分の木製座机の上を軽く打ち、顔を上げて周りの反応を見る①。次に両手の爪を立てて机の中央から端に向かって滑らせる。ゆっくり左右交互に打ち、手の形を変えたり、動かしている手を空中で止めるなど、少しずつ演奏方法を変えていた②。

　指導者と目を合わせながら、音と音の間に出していた声が、「えー」「おー」と大きく明瞭な声に変わり、次の音を鳴らすまでの「ため」の時間も長くなっていった。2分近く演奏を続けていた③。

　「オッケー！ すごい！」という指導者の言葉をきっかけに、手の動きを止め、演奏を締めくくった。友だちの歓声が聴こえた時には、あきお自身も拍手をして満足そうな笑顔を浮かべていた。

指導者の視点

①自分が出す音に対する周囲の反応を気にしていることがわかりますね。音を出す前後、音を出している最中の子どもの表情や手足の動きに注目!!
②音の出し方を試行錯誤している様子あり。ここでの指導者の言葉かけが大切！
③1つのことにじっくりと取り組むことにむずかしさがあっても、自分が出した音に浸る楽しさを感じることで、活動に集中することができていますね。

● トガトン演奏の様子

　はじめはタイミングや強弱を変えて自分が鳴らすトガトンの音を聴いていたが、途中から横で演奏している打楽器奏者の音や存在が気になり始め④、自分のトガトンだけでなく、奏者の方

を見るようになった。奏者とタイミングを合わせたり、強弱や回数を変え始める様子が見られた。

　明確に奏者の動きを意識してからは、自分のトガトンを空中に上げた状態で動きを止めて、まだ打たないのかとばかりに奏者の顔をのぞきこみ、奏者の次の動きを待っていた[5]。奏者は、あきおと同じ回数やタイミングで打つだけでなく、あえてタイミングをずらしたり[6]することで、あきおが出した音を、奏者が受け止め、返した音にあきおが応じる様子[7]が見られ、奏者との音のかけ合いを楽しんでいた。

指導者の視点

[4]自分の音だけでなく、一緒に演奏している人の様子が気になっています！
[5]音のかけ合いを楽しむ様子あり！　トガトンという具体的な物・音で、他者とのやりとりが成立！
[6]奏者の音を意識づけるために、あえてタイミングをずらして打つことも…。
[7]他者とコミュニケーションをとる様子あり！　みんなで音楽を楽しむ1歩。

■ 発達的に見ると…

　あきおは、発達的には、自分の好きな物を手で示すこと（定位の指さし）ができますが、「これはどこ？」「何をするの？」と聞かれたことに答える指さし（可逆の指さし）はむずかしい段階です。つまり、自分の投げたボールを指導者が受け止めてくれることがうれしい段階であり、指導者がそのボールを投げ返してくれることは意識していません。

　しかし、このトガトンを使った音楽づくりでは、打楽器奏者と音楽を奏でるという目的を共有したことで、投げるボールも、投げ返されるボールも両方に気持ちを向けることができていました。トガトンという具体的な物と音が支えになり、自分が出す音だけでなく相手が出す音にも気持ちを向けられたことで、奏者とのやりとりが成立していたといえます。

　また、普段のあきおはいろいろなことに関心が移り、1つのことにじっくり取り組むことにむずかしさがあります。しかし、この事例では、机を使って2分以上もの長い時間、奏法や休符や速度を変化させながら、自分の演奏に浸る姿が見られ、自分の関心がもてる活動があれば、集中して取り組める一歩になりました。

授業づくりを考える

● 言葉でやりとりすることがむずかしい子どもとの音を使ったかかわり

発語がなく、言葉でやりとりすることはむずかしい子どもでも、音楽づくりを通して、自分の音表現に集中したり、相手の意図を受け止めて音でやりとりすることで、他者とのかかわりをもつきっかけにすることができます。こうしたやりとりが成立するためには次の3点がポイントになります。

①自分の音が受け止められる安心感

音楽づくりにおいて、安心して1音目を出せることや、自分が今出している音がその場で受け止められている安心感が必要です。

たとえば、子どもが顔を上げた時の指導者の視線や言葉、表情で、あなたらしい音を鳴らし続けてもいいよというメッセージを伝えることができます。同時にサブ指導者や友だちに注目され、賞賛されたことが、他者に自分の音が受け止められる心地よさにつながっていきます。

②自分が出す音に浸る心地よさ

1つの音を出している時に次に出す音をイメージすることや、音を出す前に音全体のまとまりを考えることはむずかしい発達段階の子どもであっても、自分の感性に従って音を鳴らすことや、手や身体の動かし方で次々に変化していく音に浸ることはできます。また、休符の長さやリズムを変えながら1音1音確かめるように鳴らしたり、自分で合いの手を入れたりすることが、自分の音に浸る心地よさになります。【ねらい❺】の自分の自由な音楽表現を楽しむことにつながります。

③他者と音を共有する

言葉でのやりとりがむずかしくても、楽器の音と動きがあれば、自分の意図をあらわすことができます。また、楽器を使うことで、他者が意図していることもわかりやすくなり、他者と共有する音の世界を楽しむこともできます。

指導者がひとつひとつの音を強調しながら、呼びかけに答える形で、子どもと一緒に音楽をつくることで、相手の表現を受け止めて、【ねらい❹】の指導者や友だちと一緒に音楽をつくる楽しさを感じるきっかけにすることができます。

● 授業は導入が命！

授業の導入では、子どもたちの気持ちをつかみ、授業の構えをつくることがまず必要です。

指導者が前に立った時に、何をするのかなと気持ちを向けられること、提示された教材に集中できることは当たり前ではありません。子どもたちの気持ちをつかむために、あの手この手を総動員しましょう。

今回の事例では、打楽器奏者は子どもたちに聴こえるような音で教室の外でタンブリンを数回打った後、サンバ風リズムでアッチェレランド（だんだん速く）したタンブリンの音とともに教室に入り、あいさ

つや自己紹介をした後、『机の音楽』の模範演奏を行いました。子どもの表情や姿勢から「何かな？ だれかな？」と次の活動への期待を高めていることがわかります。

〔プロの奏者とのコラボレーション〕

プロの奏者とのコラボレーションで、ノンバーバルなコミュニケーションが生まれます。

プロの技として、例えば、演奏の途中でカデンツァ（自由で即興的な演奏）を入れる、低音のベースを入れる、子どものフレーズを変奏させる、ミュート（音を消すこと）させる、特殊奏法（楽器を打つ位置や方法を変える奏法）を使うこと等で、子どもたちの楽器への興味がいっそう増します。また、奏者の真似をすることで、子どもたちの音表現の幅は一挙に拡がります。

ただし、中心指導者と打楽器奏者の２人の人物が子どもの前に立つ時は、子どもの視線を整理することが大切です。たとえば、事例１のように、後から打楽器奏者が教室に入ってくる場合は、まず中心指導者が子どもの視線をひきつけて授業を始めます。そして、打楽器奏者が教室に入ってきた後は、打楽器奏者に子どもたちの注目が集まるように、中心指導者は子どもたちの視線から外れることが必要になります。同様に、中心指導者が授業を進めていく時は、打楽器奏者は子どもの視線から外れるなど、子どもたちの視線を意識することで、子どもたちの意識をそらすことなく、いきいきとした授業を展開していくことができます。

指導者が子どもと一緒に演奏する時のポイント

- できるだけ、最初の音は子どもから始める方が、自分で演奏していることを強く意識づけることができます。
- ただし、子どもがはじめの音を意識しすぎると、緊張して音を出せなくなってしまうこともあるので、子どもの動きや表情や視線を見ながら、指導者はきっかけをつくります。「いいよ」「いくよ」「どうして鳴らす？」などの言葉を、タイミングよくかけることが重要です。
- 子どもが音を出しはじめたら、子どもが奏でるリズムや強弱変化の真似をしたり、急に小さい音に変える・速度を速くする、あえてタイミングをずらした音を出すことなどで、音楽的な変化が出て、子どもに指導者の存在を強く意識づけることもできます。

> コラム

❷ 打楽器奏者に求められる力
――プロの奏者と音楽づくりをする時のポイント

　特別支援学校の音楽づくりでコラボレーションするプロの奏者に求められるのは、どのような力でしょうか。専門とする楽器の演奏技術だけでなく、発達年齢・障害特性などの知識・理解や、子どもたちの思いを受け止めて、意図を感じとり、音を通してやりとりできる力だと考えます。これはもちろん、指導者にもいえることです。

　特別支援学校には、小学部から高等部までの幅広い年齢の子どもたちが在籍しています。そして、認識面の発達段階でいえば、乳児期前半の発達から、軽度でほぼ実年齢の発達まで、幅広い子どもたちがいます。さらに、障害の種別も知的障害、自閉スペクトラム症、肢体不自由、聴覚障害、視覚障害等々さまざまです。こうした多種多様な実態の子どもたちが在籍する特別支援学校だからこそ、音楽づくりをする時には、生活年齢・発達段階・障害種別に関する基本的な知識と理解が必要です。

　また、子どもたちが発するメッセージを読み取る感性や想像力が必要です。子どもと誠実にかかわり、相手を知りたいという気持ちがあれば、少しずつ理解は進みます。何回も繰り返すことで経験値として蓄積されていくのです。

❸ トガトンのつくりかた

①**青竹を伐採**：竹の種類は、孟宗竹より真竹の方がおすすめです。肉薄なのでよい音を響かせられます。

②**15〜80cm程度の長さで、節のすぐ下で切る（節が底面になります）**：音の高さは長さで変わります。あえてドレミファの音階に調整しないからこそ、自然な音の雰囲気を楽しむことができ、音の重なりに味をもたせることができます。

③**油抜きをする**：切った竹筒を大きい鍋で炊いたり、水で溶いた木灰を付けたブラシで磨いたり、油抜きをすることで、表面がきれいになり虫食いや腐敗しにくくすることができます。

④**節をくり抜く**：2か所以上の節がある場合、節は底の1か所のみ残し、それ以外の節は古い傘などで突いて、くり抜きましょう。

　製作に時間やお金をかけるのではなく、割れたらテープを巻けばよいと考えて気軽に扱う方が、子どもたちの動きを制限することなく、自由な演奏を保障できるかもしれません。

　また、竹専門店で丁寧に下処理された竹を購入するのも手です。表面や断面の綺麗さ、割れにくさ、音の響き等は格別です。

事例 2

音を出すことへの安心感

使用する楽器 → 机、マリンバ、ティンパニなど

学部：中学部　　発達年齢：1歳半〜9歳程度

【子ども・集団の情報】

☐ 中学部10名クラス。友だち大好き、指導者大好き。音楽大好きなクラス。

- 良子（知的障害と肢体不自由・9歳程度）
- 冴子（知的障害・4歳程度）
- 里穂（知的障害・6歳程度）
- 恭平（知的障害と広汎性発達障害・6歳程度）
- 幸太（知的障害と広汎性発達障害、上肢麻痺・2歳程度）
- とん平（知的障害・6歳程度）
- きみえ（知的障害とダウン症候群・3歳程度）

教材研究

●打楽器類

　音楽室によくある、大きな打楽器でいえば、コンガ、ボンゴ、ティンパニ、フロアタム、スネアドラム、ハイハット・シンバル、サスペンデッド・シンバルなど。手で打つ、こする、はじく、マレットで打つことで音を出します。

> **なぜこの楽器？**
> 　大きい打楽器は、全身を使ってダイナミックに演奏できます。
> 　小さい打楽器は、種類も豊富で、楽器を選ぶ楽しさを味わうことができます。

小さな打楽器は、カスタネット、タンブリン、クラベス、鈴、ウッドブロックなどがあげられます。手に持って扱いやすいものが多いです。

ボンゴ

スネアドラム

〔タンブリン〕

　皮付きタンブリンと枠にジングルが付いているだけのモンキータンブリンがあり、音色や音量の変化をつけやすい楽器です。皮付きタンブリンの場合は、親指が膜面に触れるように木枠を持ち、親指を動かすことで音色が変わります。膜面を叩く手の形や、指の数で音量が変わり、手のひらを膜面に置くと音がミュートします。

　また、タンブリンを持った手を振るロール（トレモロともいわれる高速連打）奏法や、親指で膜面を滑らせることで生じる摩擦力でジングルを振動させる高度なロール奏法もあります。これは

タンブリン

大人でもすぐにできる奏法ではありませんが、ある時１人の子どもが、奏者の手の動きをよく見た後で、すぐにこの摩擦ロール奏法のコツをつかんで鳴らしたことがありましたよ。それから、タンブリンの木枠にある丸い穴は本来スタンドに突き刺すための穴です。でも、ついついこの穴に親指を入れて持ちたくなりますよね。

●マリンバ（鍵盤打楽器）

　木琴の一種。木製の音板を並べた鍵盤打楽器で、マレットで叩いて音を出します。鍵盤は、ピアノと同じ配列になっているため、メロディーをつくったり、音の高さを変化させるおもしろさを味わうことができます。また、既成の音階にとらわれず、ランダムに音を鳴らすことで、自由な音の重なりが生まれ、音の世界が拡がります。

マリンバ

> なぜこの楽器？
> 　楽器経験のある子どもには、メロディーづくりの楽しさを体験する機会になります。

全体の指導計画（全5回）

	主な学習内容	ねらい	子どもの活動・目的
第1時 第2時 （本時）	●打楽器奏者による『机の音楽』の模範演奏 ●机 　音探し・音楽づくり【教室】 ●打楽器類 　音探し・音楽づくり【音楽室】 ●発表（1人ずつ、グループで、打楽器奏者と一緒に全体で）	❶❷ ❸ ❷❸ ❹❺	机・打楽器を使って、いろいろな音を出し、奏法やリズムを工夫した音楽をつくる。 グループでの音楽づくりを楽しむ。
第3時	●第1・2時のグループで作った作品を発表 ●図形楽譜（P66参照）の例示と作成	❷❸ ❹❺	グループでの音楽づくり作品の発表の後、打楽器奏者のコメントを聞く。 『机の音楽』の楽譜や図形楽譜の見本を見た後、グループで図形楽譜を作成する。
第4時	●図形楽譜の作成	❷❸	グループごとに楽譜を作成する。
第5時	●ソロやグループで発表 ●打楽器奏者との合奏	❷❸ ❹❺	認識発達的に幼い子どもはソロ演奏、高い子どもは、友だちとのやりとりをねらいに入れて、デュオやトリオで取り組む。

※子どもの発達年齢を鑑みて、見通しがもてるように、第1時と第2時は、2時間とも同じ流れで活動しました。

 ## 本時（第1・2時／全5回）の授業の流れ

	活動内容	授業のポイントや言葉かけの例	ねらい
導入 〔教室〕	●打楽器奏者による『机の音楽』の模範演奏	T「机が楽器になっていたね」 「いろんな音があるの、感じられましたか？」 「おもしろい手の動きがありましたね」 ●楽器として使う机を印象づける。	❶❷
展開 〔教室〕	〔机〕 ●音探し	T「みんなも自分の机を使って音楽をつくってみよう」 例：机のいろいろな場所を手で叩く。天板をひっかく。指で弾く。叩くリズムや強さを変化させる。	❷❸❺
音楽室 へ移動	●音楽づくり ●1人ずつ発表	T「かわいい、いい音が鳴ったね」 ●小さい音や優しい音などタイムリーなコメントをする（P13参照）。	

【ねらい】❶音のちがいやおもしろさに気づく　❷音楽表現に思いをもつ　❸つくり方を工夫する
❹一緒につくる　❺音楽表現を楽しむ

展開〔音楽室〕	〔打楽器類〕 ●音探し	T「どの楽器を使いますか?」 「どんな音が鳴るかな」 「友だちとちがう鳴らし方を見つけてみてね」 ●並べた打楽器から好きな音を選ぶように促す。	
	●音楽づくり	T「今の音がアクセントになっていいね」 ●小さい音の後に短く大きな音を出す。 T「音が変わったね。次はどうする?」 ●手のひらで打った後、拳で打ち始める。 T「音のバリエーションが拡がっていたね」 「いろいろ組み合わせてみて」	❷❸ ❹❺
	●1人ずつ発表、グループで発表、打楽器奏者と全体合奏 子ども:それぞれの打楽器 打楽器奏者:タンブリン	T「どんな音楽になるかな」 ●みんなで音楽をつくることへの期待感を高める。 ●打楽器奏者が使用しているタンブリンの音や奏法を紹介。	

※教室移動:この事例では、第1時の前半は教室で子どもの机を使い、後半は音楽室でコンガやボンゴ等を使用しました。(「授業の環境整備について」P42参照)

子どもの様子から考える

● 机の演奏の様子

〔まじめで慎重派の恭平さん〕

　中学生になって以降、不登校状態だったが、担任との関係を少しずつ築いた上で、この日はじめて音楽の授業に参加。1人ずつ発表する場面では、指導者から促され、ゆっくりと丁寧に机を打ち始め、次第に右足でリズムを刻みながら、両手は♩♩♫♩の細かいオリジナルリズムを繰り返した。打つ位置を変えながら、柔らかく握った手で机を打ち、少し間を置いて、1回ぽーんと机を打って演奏を終えた。流れるような統一感のある演奏を聴いた指導者や友だちからの大きな拍手と歓声を受けてびっくり。その後、思わず口元を緩めて[①]いた。

指導者の視点

①演奏前、演奏中、演奏後と子どもの様子や言葉を受け止めていくことで、子どもの内面を読み取ることができます。緊張している子どもの場合、特に全身の硬さと口元の動きが指標に!

〔アピール控えめ幸太さん〕
　『机の音楽』の模範演奏では終始笑顔で、特に大きく速い動きのところでは、はじけるような笑顔が見られた。1人ずつの発表では、打楽器奏者の真似をして、机の奥と手前を交互に拍のない不均等なリズム②で数回打った後、机の手前を左右交互に5回打って演奏は終了した。上肢麻痺があるため規則的なリズム打ちはむずかしいが、打楽器奏者の演奏から自由な雰囲気を感じとり、打つ場所を変えるオリジナルの奏法で、自信をもって取り組むことができていた。

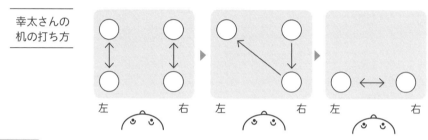

幸太さんの机の打ち方

> **指導者の視点**
> ②規則的なリズムだけが音楽ではありません。ずれや揺れが感じられる不規則なリズムで表現される音楽は時代や国内外問わず存在しています。子どもが気持ちを込めて出した音に対して、「音楽に正解も不正解もない」「今、あなたが出した音がOK」というメッセージを伝えていきたいですね。

〔物怖じしないとん平さん〕
　認識的な高さをいかし、工夫を重ねた複雑な奏法を披露していた。両手の指を机の手前に置いた後、人差し指から順に1本ずつ増やしながら、5本指で机を打つ。右3回左2回のリズムパターンで繰り返していた。手のひらや手の甲で打ったり、しゃくとり虫の動き③のように揃えた指の曲げ伸ばしをしたり、小指側を下にして手刀を切るような手の形で机を打つなど、手の形を自在に変化させた演奏を披露していた。

> **指導者の視点**
> ③演奏後には子どもが工夫した奏法を確実に捉えたコメントが大事です！　模範演奏の真似をしていたところ、オリジナルで考えたところを具体的な手の形や動きを紹介してみましょう。

● 打楽器類での演奏の様子
〔繊細な心の持ち主 良子さん（マリンバ）〕
　サブ指導者が車いすの位置や角度を調整（「肢体不自由の子どもが自分の世界を拡げること～音楽づくりの意義」P74参照）し、良子がマレットを動かしやすい④ようにすると、鍵盤を打ったり、こすったりして、音階を上げ下げするメロディー⑤をつくっていた。

> **指導者の視点**
>
> ④位置的に操作しやすい中音だけではなく、車いすを動かして高音や低音を使って音域を拡げるようにアドバイスすることも！
> ⑤演奏経験をアピールできる鍵盤楽器を使うことで、自分自身で「できた感」を感じて、取り組みへの意欲につなげられました。使用する楽器がポイント！

〔甘え上手な冴子さんとお姉さん肌の里穂さん（ボンゴ）〕

　2人同時に、等間隔なリズムで打つことから始まった。2人の規則的な音が徐々にテンポを上げた後、冴子が大きく1回鳴らすと、里穂も1回打つ、冴子が小さく細かく打つと、里穂が大きな音で1回打ちをするなど交互に演奏するパターンを繰り返しながら、リズムと音色を変えていた。その後も、冴子の音に里穂がこたえる形で⑥、指先で膜面をこする小さく長い音を出した後、ボンゴの側面を強い音で1回打つ。長めの休符の後、冴子が小指側で手刀を切るような動きで1回打ち、2人がアイコンタクトをとりながらタイミングを合わせて1回打った。その後、急に雰囲気が変わり、冴子が「ヨーヨー」「テキラーテキラー」とラップのようにリズミカルに言葉を発しながら、手を動かして踊ると、里穂も声を出して踊りはじめた。

　手拍子を入れたり、手の甲で打ったり、握った手で膜面をこすったり、次々に演奏方法を変化させた音楽が盛り上がった後、2人がタイミングを合わせて⑦大きく1回打って演奏を終わった。

> **指導者の視点**
>
> ⑥2人の音楽のつくりかたは、小学校音楽学習指導要領の共通事項として示されている「音楽の仕組み」の1つである「呼びかけとこたえ」です。
> ⑦お互いの音を意識した、息を合わせた演奏！　友だちと一緒につくりあげる音楽の楽しさに気づくきっかけに！

〔物怖じしないとん平さん（スネアドラム）〕

　バチを使わずに手で演奏したり、響き線のレバーを操作して、音色が変わるという楽器の仕組みに興味を示していた⑧。

> **指導者の視点**
>
> ⑧子どもによって、興味をもつポイントはさまざま。楽器の仕組みを知ることで、音色の変化を楽しむことができます。

〔お笑い大好き　きみえさん（マリンバ）〕

　机の模範演奏で自由な雰囲気を感じ取り、生き生きと演奏を始めた。両手にマレットを1本ずつ持ち、左右交互に打つ。その後、一音ずつゆっくり音階を上がったり下がったり、黒鍵だけで上がったり白鍵だけで下がったりと繰り返している中で、ドの音の鍵盤の付け紐がずれて、<u>響かない音になっていることに気づく</u>⑨。その特定の音だけを、ずっこけポーズをしながらオーバーなリアクションで打つことで、友だちも音のちがいに気づき、大拍手を受けていた。

> **指導者の視点**
>
> ⑨音のちがいに気づいたのは、音をよく聴いていた証拠！ ずれた音を強く打つことで、連続した小さい音の間に入った大きい音がアクセントになり、音楽的にもおもしろい演奏でした。

　幸太さんの後日談である。私が別のクラスの音楽の授業準備をしていると走り寄ってきて、「音（おと）する」とその日も自分が音楽の授業をやりたいことを訴えてきた。「幸太さんのクラスは今日は音楽しないよ」と伝えると、もうできないと思ったのか、とっても寂しそうな顔でしばらくその場から離れなかった。ほどなくして、担任の指導者の迎えで、しぶしぶ教室に帰っていった。自分の気持ちをまっすぐに伝えてくれたことが、私はとってもうれしかった。

授業づくりを考える

● 自分の音を出すことへの安心感の伝え方

　選択性緘黙の子どもや、自分を表現することに抵抗がある子どもの中には、言葉での表現が苦手であるだけでなく、自分が出した音がみんなに聴こえることにも抵抗を感じる場合があります。そんな子どもには、とにかくじっくりゆっくり時間をつくります。子どもが音を出してもいいかなという表情になった時には、ちょっと勇気を出してトライしてみてというメッセージを伝えてみましょう。

① 子どもの気持ちに応じること

　たとえば、マレットの渡し方でもメッセージを届けられます。手を伸ばせば、すぐに取れるところにマレットを置く、子どもの目を見ながらしっかり手渡す、あたかも友だちに渡すついでのように渡すなど、子どものその時々の気持ちに応じて変えていきます。

② 瞬間を共有する

　音を介して、子どもと通じ合える瞬間を増やしていきます。友だちが鳴らす様子を見た後に、自分の机を小さい音で数音鳴ら

し始めた場合、なるべく近くで子どもの音や動きを感じましょう。その子どもが顔を上げた瞬間に、ニコッとアイコンタクトするだけでも通じ合えます。あるいは「かわいい音が聴こえたね」と言葉で、素敵な音を聴いていたことを伝えることもあります。子どもによっては、その後、自信をもって鳴らし始める子もいます。もちろん、1回のアイコンタクトでみんなの演奏が変わるわけではありません。でも小さな一歩です。自分が考えて出した音、自分が心を込めて出した音はどんな音でも認められる雰囲気をつくります。

どんなきっかけで音を出すかは子どもによっても状況によってもさまざま。少しずつ自分の音を出す場合もあれば、少しの声かけで、堰を切るようにさまざまな音を出し始めることもあります。

とにかく、子どもたちが出した音、そして、まだ出てきていない音も含めて楽しみましょう。

● **打楽器の魅力**

打楽器の魅力として、大きく次の2つがあげられます。

① 動きと音との因果関係がわかりやすいこと

打楽器は、打てば必ず音が鳴り、何度も連続で打つこともできます。動きと音が直結するので、発達段階に関係なく、楽しむことができます。

② 奏法のちがいでいろいろな音が出ること

力強く叩くと、大きくて強い音がします。打楽器は、打つ手の形やマレットの種類によって、強弱や音色を変えることが簡単にでき、奏法の工夫が音の変化としてすぐに現れます。自分の力をコントロールするのがむずかしい1歳半程度の発達の子どもであっても、音探し・音楽づくりを楽しむことができます。

〈音楽づくりでよく使う打楽器〉

サスペンデッド・シンバル

コンガ

ティンパニ

オーシャンドラム

カスタネット

うちわだいこ

鈴

● 授業の環境整備について

　活動場所を変えるメリットを3つあげます。1つ目は、あらかじめ楽器を準備しておけること。2つ目は、次の部屋では何をするのかなと思いながら移動することで、次の活動への期待を高められること。3つ目は、今回の実践のように、教室から音楽室への移動の場合、なじみのある教室で授業を始めることで、授業への参加のハードルを下げることができます。特に、今回の事例では、不登校の子どもが音楽の授業に参加するのが初めてだったため、少しでもなじみのある教室で授業を始めることで、安心して、授業に参加しやすくなるのではと考えました。音楽づくりの授業において、安心感を感じられることは何よりも大切なのです。

● グループ分けのヒント

　授業におけるグループ分けには教育的な意図が込められます。

　特に、今回の事例では、お互いの性格を補い合いながら、楽しい音楽づくりができるように、冴子と里穂をペアにしました。里穂は、お姉さん肌で友だちの言動が気になります。一方、冴子は恥ずかしがり屋ながらも、近くに支えになる人がいると張り切って自己アピールをすることができます。ねらい通り、冴子は里穂に見守られながら、自分が考えた奏法で生き生きとした音を奏で始めました。そして、その勢いに影響を受けた里穂も積極的に音で呼応していました。2人の気持ちがこもった音のかけ合いが響きわたり、楽しい音楽づくりになりました。

> 事例
> 3

楽器じゃないものが楽器に!?
指揮者役を中心にみんなで楽しむ

使用する楽器 → ラップの芯、ドレミパイプなど

学部：中学部　発達年齢：1歳半～6歳程度

【子ども・集団の情報】
□ 中学部Aクラス・Bクラス（各5名）。

自分の世界は大事。そして友だちとも楽しもうとするクラス。

〔Aクラス〕
・知的障害と自閉スペクトラム症やダウン症候群との重複障害があるクラス。発達的には1歳半～4歳程度。

〔Bクラス〕
・知的障害と自閉スペクトラム症や脳性麻痺、難聴との重複障害があるクラス。発達的には4～6歳程度。

> 教材研究

●ラップの芯

アルミホイルよりもラップの紙芯の方が堅い材質であるため、心地よい響きになります。開口部にガムテープを隙間なく貼ることで、膜面楽器として叩いて音を出すことができます。また、紙やすりを側面に貼りつけることでギロにもなります（写真右側）。友だちの真似やかけ合いをすることでリズムや速度変化を工夫することや、音量が小さいことを活かして、友だちと一緒に響き合わせることで、音量の変化をつくる楽しさや一体感を感じることができます。

ラップの芯

> なぜこの楽器？
> 家庭の廃材利用であるため、壊れることを心配せずに自由に使えることが魅力です。

●ドレミパイプ（Boomwhackers®）

長さのちがう軽量のポリエチレン製のパイプで、ドレミの音階が出るように調整された楽器です。半音も合わせて、セットで市販されています。パイプを持って、床などに打ちつけることで簡単に音を出せます。音の高さによって、色分けされているため、音階パイプとも呼ばれ、音の伝わり方の理科実験や、カラフルな玩具としても使われることもあります。

全体の指導計画（全4回）

	主な学習内容	ねらい	子どもの活動・目的
第1時 第2時	●ラップの芯 音探し・音回し・音楽づくり ●指揮者役をつくる	❶❷ ❸❺	ラップの芯を床や壁で打ち鳴らしたり、手で叩いたりする。円になって座り、1人ずつ順に鳴らしていく。（「音回し」P20参照）
	●ドレミパイプ 音探し・音回し・音楽づくり ●指揮者役をつくる	❶❷ ❸❹ ❺	ドレミパイプを鳴らしてみる。友だちと2人で音でやりとりする。サブも含めた指導者と一緒にいろいろな奏法を工夫する。指揮者役を作って、みんなで演奏する。
第3時	●ラップの芯、ドレミパイプ 音楽づくり・合奏 ●打楽器奏者の模範演奏 ●指揮者役をつくる	❷❸ ❹❺	打楽器奏者や友だちの演奏をみて、1フレーズずつ真似をする。指揮者役を作って、みんなで演奏する。
第4時	●トガトン、カホン 音探し・音楽づくり	❷❸ ❹❺	1人で鳴らす→グループで一緒に鳴らす。

※全時、Aクラス・Bクラス合同で実施

本時（第1・2時／全4回）の授業の流れ

	活動内容	授業のポイントや言葉かけの例	ねらい
導入	●音楽の要素を使ったあいさつ	T「今日はどんなあいさつにしますか？」 ●音楽を形づくっている要素を知る機会にする。	
	●ラップの芯の提示	T「これはなんでしょう？」 ●クイズの要素を取り入れ、活動へ期待感を高める。	❶❷
展開	〔ラップの芯〕 ●音探し ●音回し	T「音を鳴らしてみて」 　例：息を吹く。筒の部分を叩く。手のひらで穴をふさぐように叩く。床で打つ。壁を叩く。2本を叩き合わせる。 ●円陣になって座り、1人1音ずつ・1フレーズずつ順に鳴らしていく。	❶❷ ❸❺
	●音楽づくり 　指揮者役をつくる	●はじめは、指導者が指揮者役になる。指揮者の合図で音量を変化させる。	
	〔ドレミパイプ〕 ●音探し ●音回し	T（床と壁を叩いて） 　「床と壁では叩いた時の音がちがうね」 　「上下の穴を手で叩くとポンと響くよ」 　（2本を叩き合わせて） 　「2本使う方法もあるね」	
	●音楽づくり ●指揮者役を作って、合奏する	T「指揮の○○さんに合わせて、みんなで音を出すよ」 ●指揮の説明をする。 　大きい音は両手のひらを上に向けたまま手を上げていく。 　小さい音は両手のひらを下に向けたまま手を下げていく。 　腕を速く回転させた時は、速度を速くする。 Tコメント例 「指揮者をよく見ていましたね」 「指揮の○○さん、緊張したね」	❷❸ ❹❺
まとめ	●音楽の要素を使ったあいさつ		

【ねらい】❶音のちがいやおもしろさに気づく　❷音楽表現に思いをもつ　❸つくり方を工夫する
　　　　　❹一緒につくる　❺音楽表現を楽しむ

子どもの様子から考える

● Aクラス

　認識的には幼く、言葉でのやりとりがむずかしい子どもたちもいるクラスである。

　ラップの芯での活動は、音量が小さく音の変化がわかりにくいが、持ちやすい重さと大きさであるため、ラップの芯で壁や机や椅子などいろいろな物を叩き始める子どもが多かった。その後、指揮者について説明をした後、指導者が指揮の見本を見せて子どもたちが指揮者の真似をした。全体演奏では、指導者が指揮者になり、子どもたちは指揮者の動きに合わせて音量を変化させることにトライした。

　ドレミパイプはおもちゃ感覚で扱うことができ、ラップの芯よりも、大きな音が鳴るため、変化がわかりやすく、床の叩き方で音の大きさが変わることを楽しんでいる子どもがいた。全体演奏では、指導者の指揮の見本をよく見ていた子どものうちの1人を指揮者役にした。みんなに注目されて初めは緊張していたが、指導者に促されて、両手を大きく上げたり下げたり、立ったり座ったりし始め、教室中が、<u>指揮者の動きに合わせて音量が変化していた</u>①。指揮者役の子どもは、注目されることに喜びを感じ、大きく手を上下させるなど、クラス全員が楽しい雰囲気で授業を実施することができた。

　第3時の打楽器奏者の模範演奏では、リズムと音量の変化に魅了されて、奏者の真似をする子どもがいた。奏者とのコラボ演奏では、奏者が子どものリズムに合わせたり、ずらしたりすることで音楽的なバリエーションを拡げることができた。全員合奏では、打楽器奏者が音階のあるマリンバを使うことで音楽の流れや盛り上がりをつくっていた。最後は奏者が音を鳴らさないことで全体の音が減衰して終わった。

指導者の視点

①指揮者の動きに合わせて音を鳴らすことがむずかしい子どももいたが、サブ指導者が率先してドレミパイプでの音量を変えることで、真似をする子どもを増やしていくことができます。

● Bクラス

　話し言葉だけでなく簡単な書き言葉で自分の思いを表現できる子どもたちのクラスである。ラップの芯は、身近な物が楽器になる意外性から不安感をもっていた子どもも、床で叩くことの心地よい響きや、穴を手で叩いた時の筒の共鳴音に気づくと、いろいろな音を鳴らし始めていた。

　ドレミパイプでは、友だちのパイプと叩き合わせるとパイプ同士が合わさる2つの音（和音）の響きが変わる楽しさを感じていた。全体演奏では、指揮者役として出てきたAクラスの子ど

もの次に、Bクラスの子どもの中から1人指揮者役を指名した。<u>自信がない感じであった</u>[②]が、強弱や速度変化のつけ方を少し練習してから、みんなの前で指揮を始めた。自分の指揮の動きに応じて、全体の音が大きくなったり、小さくなったりすると、笑顔になり、楽しんでいる様子だった。

　第3時の授業での打楽器奏者の模範演奏では、初めは奏者の動きやリズムの真似をしていたが、少しずつ音の強弱や長短を変えた自分の音楽をつくりはじめていた。リズム打ちを正確に真似ることが得意な自閉スペクトラム症の子どもは、<u>友だちの真似を組み合わせる</u>[③]ことで<u>自分の音楽をつくっていた</u>[④]。また、非常に小さな音を繊細な音色で鳴らす子どもの発表を、クラス全体が緊張して聴く場面もあった。

> **指導者の視点**
>
> ②Bクラスの子どもは、初めてのことには自信がなく、失敗するかもしれないと躊躇する様子がたびたびみられたのですが、Aクラスの子どもの思いきった動きに触発されたのでしょうかね？
> ③音楽づくりで、真似は大切です。友だちの鳴らし方に憧れたり、ヒントを得たりして、うまく真似ができた時には達成感もあります。
> ④そして、真似と同じぐらい大切なのは、自分だけの音やリズムをつくることです。発達段階や障害特性によってむずかしさもありますが、その子だけの音やリズムは、音楽づくりの神髄です。

> **発達的な幅が広い集団で活動する良さ**
>
> 　この事例では認識的な力の幅が広い集団での授業であったため、Aクラスの指揮者のためらいのない動きが、全体の活発なムードをつくるきっかけとなるとともに、Bクラスの指揮者が指示する内容が、強弱だけでなく速度変化もあったことで、音楽表現の幅を拡げることができた。

授業づくりを考える

● 指揮者役をつくること

指揮者役をつくることで、クラス全体の音楽を自由に変化させることや、変化していくことを体験できます。

特に、今回の事例では、2クラス合同授業で人数が多かったため、音量の変化を容易に楽しむことができると考えて、この実践に取り組みました。

指揮者になった子どもは、ドキドキですが、音のつながりが重なっていく中で、自分の示した通りに音量が変化することに楽しさを感じます。演奏している他の子どもたちも、指揮者としてかっこよく指揮をしている友だちに興味津々になることまちがいなし！

● 身近なものを楽器として使うことの
　おもしろさ

家にある身近な物を、授業で楽器として使うことで、音楽の幅や価値観の拡がりや、音楽の奥深さやおもしろさを感じてほしいと思っています。本書では事例1で机、事例3でラップの芯、事例7でお椀や調理用ボウルを使っています。

他にも、100円ショップはアイデアの宝庫。プラスチックコップ製もいい音がする物がありますよ。

● 音楽の要素を意識したあいさつ

事例1で、授業は導入が命ですと書きました（P31参照）。ここでは、音楽の要素を意識したあいさつで、授業のつかみをしました。

たとえば、今日は「小さな声で！」と決めたら、当番が小さな声で「これから音楽の授業をはじめます」という号令をかけると他の子どもたちも同じように小さい声で「これから音楽の授業をはじめます」と復唱します。クラスによっては、「大きく、速く！」と2つの要素を入れたり、「お経のようにゆっくり！」とアレンジさせることもありました。

授業のはじまりと終わりのあいさつの号令で、学習指導要領に記載されている「音楽を形づくっている要素」である音の強弱や速度、高低を知る機会になります。

ただし、このあいさつは音楽の授業だけでできるよ。他の授業ではできないよ（やってはいけないよ！）と、念押ししておくこともお忘れなく！ 音楽の授業だからこそできると、とっておき感をつくることができます。

プラスチック製コップ

不思議な音の世界で、偶然の音の響きを楽しむ

使用する楽器 → お鈴(りん)

学部：中学部　発達年齢：1歳半〜6歳程度

【子ども・集団の情報】

☐ 中学部Aクラス（5名）、Bクラス（6名）

〔Aクラス〕
好きなものはとことん好き！なクラス。
・寛平（知的障害・1歳半程度）
・春吉（知的障害・1歳半程度）

〔Bクラス〕
好奇心旺盛なクラス。
・緑（知的障害・6歳程度）
・琢郎（知的障害と聴覚障害・5歳程度）

教材研究

●お鈴（おりん）

　仏具でもある金属製の器で、直径は5〜30cmと大小さまざまあります。大きさや材質、厚さのちがいにより、音の高さや音色が異なります。

　鈴棒でお鈴を打つと、金属音の鋭い立ち上がりの後に、同心円状に長い残響が続きます。響いて

いるお鈴を動かすと、音の拡がりや揺れを、音の軌跡として感じることができます。また、お鈴同士をぶつけ合うことで、お互いの音が干渉し合うようなうねりが発生します。

　この事例では、お鈴のひとつひとつの音を確認して、2つのセットを作りました。1つはお鈴同士の音程を確認しながら、響きあいやすい音階で並べたセット（お鈴セットA）、もう1つは、半音よりも狭いピッチ（音の高さ）のお鈴を低音から高音まで並べたセット（お鈴セットB）で、風や波の音のうねりを表現できるようにしました。

お鈴

● 鈴棒（りんぼう）・マレット

　お鈴は手で打つこともできますが、今回は、約15〜30cm程度の長さのちがう鈴棒を計10本程度と、マリンバ用のマレットを数種類準備しました。種類や長さのちがいで、音色や音の高さにちがいがうまれます。

全体の指導計画（全2回）

	主な学習内容	ねらい	子どもの活動・目的
第1時	〈Aクラス〉 ●お鈴 　提示・音探し ●1人ずつ発表 〈Bクラス〉 ●お鈴の演奏動画を見る ●提示・音楽づくり	❶❷ ❸❺ ❶❷ ❸❺	模範演奏はせず、1人1個のお鈴を使って、自由に演奏方法を考えて音を鳴らす。 みんなの前で自由に音を鳴らす。 お鈴を1個から3個、4個と増やし、最終的には特大のお鈴も使用する。鈴棒の種類も増やす。 1人ずつ、自分が考えた奏法で音を鳴らす。 お鈴を1個から3個、4個と増やしていくたびに、1人ずつ演奏する。鈴棒は、マレットを含めて大小3種類を使用。
第2時	●お鈴 　音探し・音楽づくり ●打楽器奏者の模範演奏 ●1人ずつ発表	❶❷ ❸❺	第1時から、さらに鈴棒の種類を増やし、さまざまな音のちがいを感じられるようにする。

※第1時は発達段階別のクラス単独で、第2時は2クラス合同で行いました。

本時(第1時／全2回)の授業の流れ(Aクラス)

	活動内容	授業のポイントや言葉かけの例	ねらい
導入	●お鈴の提示	T(お鈴を1個見せながら) 「これは何でしょう?」 「これは楽器です」 ●子どもの前に置いたお鈴を打つ。 T「どうですか」(子どもの反応を待ってから) 「おもしろいね」 ●大きさのちがう2つのお鈴を提示する。 T「いろいろな大きさの鈴があるね」 「鳴らしてみて」 ●前で別のお鈴を1回鳴らす。 T「いい音が聴こえてきたよ」 「○○さんの音が拡がっていたね」	❶❷
展開	〔お鈴セットA〕 ●打楽器奏者の模範演奏 ●音探し ●音楽づくり	●お鈴を5つ並べて見せる。 T「これを続けて鳴らすとどんな音がするかな」 ●偶然発生する音や共鳴する音の響きを楽しむ時間をつくる。 ●子どもが前に出てきて、一人ずつお鈴を鳴らす。	❶❷ ❸❺
	〔お鈴セットB〕 ●提示 ●音楽づくり	T「ちがうお鈴を並べてみました。今度はどんな音がするかな」 ●大きさや形によって、音が変わることを感じる。 ●子どもたちは1人ずつ前にでて、お鈴セットを鳴らす。	
まとめ	●改めて、お鈴セットを子どもたちの前に提示する。	T「次の時間もこの楽器を使います」	❷

【ねらい】❶音のちがいやおもしろさに気づく ❷音楽表現に思いをもつ ❸つくり方を工夫する
❹一緒につくる ❺音楽表現を楽しむ

子どもの様子から考える

● Aクラス

〔感覚的なやりとりが大好き　寛平さん〕

　はじめての楽器で、見通しがもてない活動であるため、鈴棒を受け取ってもすぐに指導者に返していた①。しかし、指導者と鈴棒のやりとりをしていた時に、偶然、鈴棒の柄の部分が床に置いていたお鈴の縁に当たり、澄んだ音が鳴り響いた。この音をきっかけに、鈴棒を指で弾く動きをはじめた。その後、床の上に置かれたお鈴に興味が移り、揺らして床に当たる音や手で弾いた鈴棒がお鈴に当たる音、さらに、両手に持ったお鈴が揺れて手に当たる感覚的な動き②を楽しんでいた。活動の間ずっと、お鈴から目を離すことなく、大きさのちがう鈴棒やお鈴を使った音を丁寧に響かせていた。

> **指導者の視点**
>
> ①新しい単元の1時間目は、何をするのかわからず、落ち着かない子どもがいます。特に言葉でのやりとりがむずかしい場合、具体的な物を見たり触ったりすることで見通しがもてるようにしていきます。
>
> ②発達的に幼い子どもの場合、五感を使って感覚的に楽しめることを大事にしています。

〔好きなものを見つける天才　春吉さん〕

　床に置いたお鈴を両手で揺らしたり、お鈴の内側や底を爪で弾いた後、片手で耳を押さえたまま③反対の手で床に並べてあるお鈴を何回も打っていた。5回連打や2回連打などの規則的なリズムパターンで鳴らした後、顔の前に持ち上げたお鈴④を手で弾いていた。大きな鈴棒を渡すと、抵抗なく受け取り⑤、弾いたり、お鈴に押し当てたりして自分の手に触れる感覚や響く音を楽しんでいた。音を出している間は、終始穏やかな表情でお鈴や鈴棒から目を離すことはなく⑥、自分の席に戻った後も、友だちが鳴らしている音や動きが気になり、友だちのお鈴を触りに行くこともあった。2回目の授業の最初にお鈴や鈴棒を見ると、小走りで受け取りに行く⑦様子が見られた。

> **指導者の視点**
>
> ③自閉スペクトラム症の子どもの場合、聴覚過敏のために、耳に手を当てて音の大きさを軽減していることがあります。しかし、その音が嫌なわけではなく、安心するための行動パターンである場合もあります。なぜ、その行動をしているのか子どもによって理由はいろいろ。推測と見極めが大切ですね。
>
> ④顔の前に持ち上げたのは、自分の目や耳に近づけて感覚的な心地よさを感じていると推測できます。

> **指導者の視点**
>
> ⑤⑥⑦言葉を獲得していない子どもの場合、ノンバーバルなメッセージから、子どもの気持ちを読み取ることが必要です。表情や発声、動きなどあらゆる表出を総合して、思いを読み取りましょう。楽器を見た時、楽器を手渡された時、受け取る時、指導者・友だちが楽器を鳴らしているのを見ている時、指導者が演奏している時の様子に注目してみましょう。

● Bクラス

〔アイデア豊富な緑さん〕

　お鈴の外側を強く打った直後に鈴棒を内側に当てると、お鈴の振動が鈴棒に伝わりジリジリとした音が鳴ることや、大きさのちがう2個のお鈴を並べたり、重ねた状態で打つとお鈴同士が響き合う（＝共鳴する）ことに気づいていた。さらに、巨大な鈴棒で打つと、細かい振動とともにジーという音が発生した時には、クラス全体が不思議な音の空気に包まれていた。その後も、2つのお鈴の間に鈴棒を入れて左右に細かく動かして2つのお鈴を交互に鳴らしたり、大きな音を鳴らした直後に手で押さえて音を消したりしていた。また、お鈴セットを並べて、1個目のお鈴が2個目に当たり、3個目のお鈴が4個目に当たるようにお鈴を揺らして、複数のお鈴の音を重ねたりする等、オリジナルのさまざまな奏法で工夫すること⑧を楽しんでいた。

> **指導者の視点**
>
> ⑧つぎつぎに鳴らし方を工夫することで、音の響きが変わる楽しさを感じています。

〔じっくり考える琢郎さん〕

　前へ出てきた後もすぐに打たずに、打ち方をじっと考えていた⑨。指導者に音を出すことを促されると、お鈴の外側を細かく打った後、徐々に音を小さくしていた。その後、緑さんの真似をして、大きさのちがうお鈴を重ねてジーと響く高い音を繰り返し出していた。お鈴を3つ重ねて弱く打った時には共鳴しないが、強く連打すると振動が内側の鈴に伝わり、先の音とは異なる振動音が発生するなど、さまざまな奏法を考えていた。また、仏壇をイメージして、お鈴を1回強く打った直後に両手を合わせて拝むポーズをしていた。さらに、極小のお鈴を転がらないように力を加減して⑩打つことや、鈴棒でお鈴の内側を高速連打することにもトライしていた。

> **指導者の視点**
>
> ⑨一度鳴らし始めると、次々にオリジナルの奏法を披露していたことから、ここでは何をするのかわからずにじっとしているのではなく、どんな奏法で鳴らすかを考えていたことがわかります。
> ⑩お鈴を打つ場所や、打つ回数、力の加減等を考えて打っていました。奏法のちがいで音が変わることを楽しんでいました。

■ 発達的に見ると…

言葉を獲得していない段階のAクラスの2人は、お鈴の感触や動きを感覚的に楽しみ、常同運動的な動きで偶然に発生した音を身体全体で感じて、心地よい音に浸っていました。また、回を重ねるごとに、音や活動に対する見通しがもてたために、提示されたお鈴をすぐに手に取って鳴らし始めるなど、鈴に対する抵抗感が薄れていました。また、お鈴を鳴らす活動を繰り返しているうちに、少しずつ鳴らす音が大きくなっていたことから、気持ちが乗ってきて、意欲的に学習に参加していたことが読み取れます。

書き言葉を獲得している段階のBクラスの2人は、音の高さや音色の異なる複数のお鈴を重ねて打つことや、複数のお鈴を交互に打つなど、お鈴の並べ方や打ち方、あるいは鈴棒で打つ位置などを変化させることで、偶然に発見した音を楽しんでいました。また音が鳴る仕組みに関心を示して、1つの音を出している時に次に出す音をイメージしたり、音を出す前に音全体のまとまりを考えるなど、音を出す方法や音楽のつくり方を工夫する段階の学習を行うことができました。

授業づくりを考える

● お鈴の不思議な世界を味わう

お鈴の音には、いろいろな質の音色が含まれています。西洋音楽の演奏で使われる固定された音の高さが出せる楽器とは異なり、音自体が変化することで、音の拡がりが感じられる楽器です。だからこそ、子どもたちそれぞれの感性で聴こえてきた音を受け止めることや、多様な鳴らし方で工夫した音を出す音楽づくりで用いることで、子どもたちの音の世界を無限に拡げることができます。

さらに、お鈴の魅力は、物が当たると必ず音が発生し、心地よい残響があることです。

そのためどんな発達段階でも、お鈴の魅力は感じられます。認識的に幼いクラスでは、ゆったりとしたペースで音楽に浸る心地よさや感覚的なやりとりを大切にしました。

認識的に高いクラスでは、お鈴同士が響き合う仕組みを考えることに時間をかけました。

認識的に幅の広い集団（今回の事例のようにAクラスとBクラスの合同授業の場合）では、認識的な幼さに視点を置きます。音楽に浸る心地よさをベースにおいて、認識的な高さに依拠した活動として音の出る仕組みや奏法の工夫に視点を当てた活動を適宜取り入れていきます。

お鈴のもつ不思議な音色が、教室中に響くことで、認識的な力にかかわらず、どの子も一体感を感じる授業ができます。

● **偶然の音の出会いを楽しむ**

　本事例では言葉を獲得していない段階の子どもが、常同運動的な動きで鈴棒を動かしている時に偶然音が鳴りました。また、言葉を獲得している子どもの中にも、奏法を工夫する中で偶然見つけた音がいくつかありました。こうした偶然から生まれた不思議な音が、音楽の世界を拡げ、また、その場にいる子どもたちや指導者と、音を中心にした一体感が生むことができました。

● **発想力豊かな奏法**

　授業計画の段階では、お鈴は奏法のちがいによる音色の変化や強弱の変化はつけにくい楽器であると考えていました。しかし、子どもたちは、指導者の予想をはるかに超える発想の斬新さや表現力の豊かさで、さまざまな奏法で音を変化させていました。

　特に今回の事例のBクラスの子どもたちは、自分の出す音はどんな音でも認められる音楽づくりを3年間経験してきたので、自由な音楽表現活動に自信をもっていました。

　そのため、「子どもの様子から考える」で述べたように、お鈴を使って音量や速度や強弱、連打する数やリズムやスタッカート（その音を短く切る）などを自由に大胆に変化させて楽しんでいました。また、複数のお鈴の音をつなげたり重ねたり、タイミングや強弱を変化させていました。さらに発展としては、友だちの音とランダムに重ねることや、残響をミュートして音量やうねりをコントロールすることや、大きく間を取ること等をアドバイスしていくことで、さらに音楽の幅を拡げていくことが考えられます。

〔子どもたちが考えたお鈴の奏法例〕

　お鈴の奏法は、あまりなじみがないので、参考までにいくつか例をご紹介します。

お鈴を打つ位置	お鈴の外側、内側、お鈴の縁、お鈴の底
打つ方法	【手を使って】 手で弾く、両手のひらで打つ、お鈴の内側に爪を当てる、指で弾く、手のひらでお鈴の口を覆う、人差し指でお鈴の外側を弾く、指で外や内側をなでる 【鈴棒・マレットを使って】 お鈴の内側にマレットを当てて振動させる、マレットで外側をなでる、お鈴の内側に鈴棒を入れて左右往復させて連打する、お鈴の内側に入れたマレットをお鈴と一緒に回す、マレットの棒部分を縁に当ててお鈴の振動を止める、響いているお鈴の中にマレットを入れて振動させる、片手連打、左右交互・左右同時に打つ
お鈴の置き方・持ち方	床に置いた状態で打つ、床の近くで両手で持ったお鈴を左右に揺らして床に当てる、裏返す、膝の上に置く
お鈴同士の組み合わせ方	お鈴同士の外側を当てる、お鈴とお鈴の間に入れたマレットを左右に往復させて連打する、大きさのちがうお鈴を重ねてお鈴同士を共鳴させる

事例 5

好きな楽器を見つけよう
発達段階に合わせた楽器

使用する楽器 → トーンチャイム、紙、スティック、トガトン、カホン

学部：高等部　　発達年齢：1歳半〜6歳程度

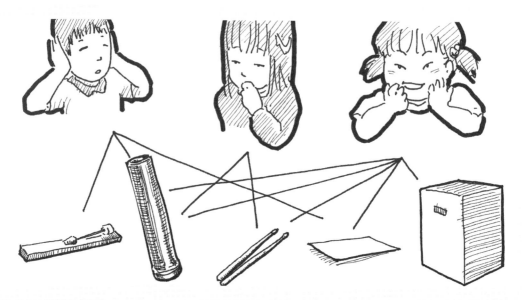

【子ども・集団の情報】
□高等部7名クラス
発達の幅は広いが、お互いの様子が気になる仲良しクラス。

・健太（知的障害と自閉スペクトラム症・1歳半程度）
・小百合（知的障害と選択性緘黙、広汎性発達障害・2〜3歳程度）
・真理子（知的障害と広汎性発達障害・5〜6歳程度）

教材研究

●トーンチャイム（G4からG6までの25音セット）

　トーンチャイムは、1本1音の分担奏の楽器であり、本体にクラッパー部分が当たることで、一定の高さの音が響き渡る体鳴楽器です。クラッパーの細かい動きで連続音を出せますが、強弱や長短の鳴らし分けはむずかしいです。無骨な形状と透き通る音色とのギャップが魅力です。音の立ち上がりは明確ですが、音の終わりは本体部分を握る消音動作をしなければ、長く残響が続きます。

たくさんの子どもたちの音が不協和音として重なっても不快な響きにはならないため、穏やかな雰囲気をつくることができます。片手1本持ちから両手に1本ずつ持つことで本数が増え、響きに拡がりが出ます。

　周りの視線が気になる子どもにとっては、自分の出した音がすぐに全体の音と融合するため、自分の音だけが目立つことはない点が魅力です。

【奏法の例】
- 手で持って揺らす　● 手で叩く　● 指で弾く
- 先端部分に息を吹き込む　● クラッパー部分を手で動かす

トーンチャイム
（株式会社鈴木楽器製作所）

● 紙

　この事例では、A4判の白上質紙を使用しました。揺らす、折り曲げる、丸めて鳴らすと体鳴楽器になり、手で叩く、指で弾くと膜鳴楽器として、丸めて叩く、息を吹き入れると気鳴楽器になります。穏やかに演奏した時には音の立ち上がりと終わりが不明瞭になり、強く速く演奏した時にはキレのある音を出せます。音量は小さく、音の高さや音色の調整がむずかしい楽器です。日常的なものが楽器になる意外性があり、扱い方のちがいで音のバリエーションを無数につくれる楽しさがあります。

【音回しのポイント】
　音量が小さいことを活かして、全員が1つの音に集中することで、静かで緊張感のある空気をつくることができます。イメージする力が豊かな子どもたちにとっては、絶対に音がしないように隣の人に紙を渡す活動「紙音なし回し」は、音のある状態と休符を意識することができます。

●スティック

　スティックは叩く対象物がないと通常、楽器として成立しません。しかし、床や椅子などを叩いて音を鳴らすことで、体鳴楽器として扱うことができます。残響がない硬い音であり、打点は明確に示せますが、音量は小さい楽器です。

スティック

【音探しのポイント】
　打ち方で音色の変化をつけることはむずかしいですが、打つ対象物を変えることで無限の可能性をもっています。1人が持つ本数や演奏する人数を変えることで、音量の変化をつくれます。また、強弱やリズム、テンポを変化させて、雨音の描写音楽など、音と物や映像をつなげる表現がおもしろいです。

●トガトン（tongaton）（P27参照）

　奏法のちがいで、さまざまな音が出せるだけでなく、多人数での音の複雑な重なりや、連続的にリズムを変化させる活動に使えます。音を聴いてイメージすることや、イメージした音を鳴らすことができる子どもにとっては音の想像力が高まる楽器です。

【奏法の例】
●床で打つ　●手や指で弾く　●竹筒の中にペンや小さい竹を入れて揺らす
●2本のトガトンを打ち合わせる

●カホン（Cajón）

　ペルー発祥の楽器であり、スペイン語で「箱」を意味します。中が空洞の打楽器（体鳴楽器）であり、叩く場所や手の形を変えると音色が変化します。音の立ち上がりと終わりが明確であり、連続音で音量を変化させることができます。後面にサウンドホールがあり、箱の中に響き線が入っている種類もあります。音の均一性はつくりにくいので、澄んだ響きで音を重ねる音楽づくりには不向きです。

カホン

　叩く面や叩き方を変えることでさまざまな身体の動きを引き出せます。大きな音を出すためには必然的に大きな動きが必要であり、身体全体を動かすダイナミックな音楽づくりに向いています。

ミュート奏法

打楽器奏者によるカホンの模範演奏では、指の形や打ち方の変化、かかとをつかって音を消していく奏法(ミュート奏法)に強い関心を示していました。

事例では、ホームセンターで購入した板を使って美術の時間に自分のカホンを作りました。マラカスやギロのように手で持つ小さな楽器ではなく、大きくて本格的な楽器を作った経験が、高校生としてのプライドをくすぐるとともに、演奏のモチベーションを上げていました。

全体の指導計画(全5回)

	主な学習内容	ねらい	子どもの活動・目的
第1時(本時)	●トーンチャイム 音探し・音回し・音楽づくり・キーボードとのセッション	❶❷ ❸❹ ❺	トーンチャイムを使った音回しで音のつながりや重なりを感じる。 キーボードの音色やリズムと合わせることで、音の拡がりをつくる。
第2時	●紙 音楽づくり 音回し(紙音なし回し) ●トガトン 音楽づくり	❶❷ ❸❹ ❺	紙を使った奏法を工夫して、音楽をつくる。 紙の音を鳴らさないようにして、隣の友だちに順に紙を渡していく。(「音回し」P20参照) 2人で、トガトンを使った音のやりとりをする。
第3時	●トガトン 音楽づくり	❶❷ ❸❹ ❺	奏法を工夫して、音楽をつくる。 ・指導者がキーボードで、アフリカ風の音型やアラビア風の音型(P64参照)を演奏して、トガトンの音色やリズムと合わせる。 ・トガトンを使って、雨音をイメージした表現をする。
第4時	●トガトン トガトンダンス ●紙 音楽づくり	❶❷ ❸❹ ❺	トガトンの音と身体の動きを合わせることで、音と身体の一体感を感じる。 紙音を使って、クラス全体で音楽をつくる。
第5時	●カホン 音回し・音楽づくり	❶❷ ❸❹ ❺	既成曲に合わせ、リズムをとりながら演奏する。

【ねらい】❶音のちがいやおもしろさに気づく ❷音楽表現に思いをもつ ❸つくり方を工夫する ❹一緒につくる ❺音楽表現を楽しむ

本時(第1時／全5回)の授業の流れ

	活動内容	授業のポイントや言葉かけの例	ねらい
導入	〔トーンチャイム〕 ● 提示(子どもが自分で1本選ぶ)	T「自由に楽器を触ってみてね」 　例：息を吹く、手のひらで叩く、強く握る、揺らす	❶❷
	● 音探し	T「(じっと楽器を見ている子どもに)上から見たら何が見えますか?」 「揺らしても音が出たね」	
	● 言葉リズム遊び ● 音楽づくり	T「お・か・せ・ん・せ・い(指導者の名前)にあわせたリズム打ちができたね」 ● 手拍子で6回打つ。	
	● 合奏	T「みんなの音に包まれた感じになるね」	❷❸ ❹❺
展開	〔トーンチャイム　セットA〕 ● 1本選ぶ ● 音探し ● 音回し	● 導入で使ったトーンチャイムと音のちがいを聴き比べて、好きな音を　選べるようにする。 T「自分の好きな音を探してね」 T「どっちの音がいいか鳴らしてみてね」	❶❷ ❸
	〔トーンチャイム　セットB〕 ● 音探し	T「さっきの音と雰囲気がちがうね」	
	● Tのキーボードに合わせて、演奏する(バッハ作曲『平均律ハ長調』の冒頭4小節を繰り返す)	(キーボードの演奏を聴きながら) T「どこからはいってもいいよ」 T「何回鳴らしてもいいよ」	❷❸ ❹❺
	☆演奏を録音しておく (事例6「録画・録音で記録を残すこと」P70参照)		
まとめ	● 演奏の録音を聴き、感想を聞く	T「自分たちの演奏を聴いて、どう思いましたか」 「自分の鳴らしたところがわかりますか」	❷❸ ❺

【ねらい】❶音のちがいやおもしろさに気づく　❷音楽表現に思いをもつ　❸つくり方を工夫する
　　　　　❹一緒につくる　❺音楽表現を楽しむ

子どもの様子から考える

　本時に使用した楽器はトーンチャイムだけですが、この事例では5つの楽器を使いました。ここでは、3人の発達的なちがいと5つの楽器（トーンチャイム、紙、スティック、トガトン、カホン）との関係を考えてみました。

〔模倣が得意で、感覚的なちがいに敏感な健太さん〕

　トーンチャイムは、言葉で活動内容を説明した時には、理解できず不安な表情で指導者や友だちの真似をするだけであった。友だちが鳴らし始めると少しずつ自分の音を鳴らし始め、全体の音が大きくなると鳴らす回数が多くなり、小さくなるとゆっくり鳴らしていた。

　健太は、障害特性から、常同行動としての物へのタッチング行為が選択場面になると強く表れる。しかし、この事例ではたくさんのトガトンの中から迷うことなく一本を手に取り[①]、穏やかな表情ですぐに音を出していた。トガトンの演奏では打つ場所や持ち方、強弱を変化させながら途中で休むことなく鳴らし続けていた。指導者が「おしまいにする？」と言葉をかけると、すぐに終わらずにより大きく速い音でひとしきり鳴らし続けた後に、満足した表情で終わっていた[②]。

　トガトンダンスでは、長いトガトンを両手で持って大きく上下させて鳴らしたり、指導者が鳴らすトガトンのリズムに合わせて跳びはねたりしていた。頭の中のイメージを音として表現することはむずかしく、スティックを使った雨音づくりは難易度が高かったようである。

　また、紙を使って、鳴らし方を考えることはむずかしく、はじめは指導者や友だちの模倣をしていたが、少しずつ持ち方や揺らし方を変えていた。

　カホンは鳴らし方が単純でわかりやすく、身体全体を動かして楽しんでいた。

指導者の視点

①子ども自身が「これ、したい！」と思った時は、行動にすぐ移せていますね。
②自由な演奏を楽しんでいる時に、指導者のタイミングで終わろうとすることへの不満感が表れています。自分が満足するまで、音を鳴らしたい、演奏したいということの表れですね。

〔豊かな感受性のある小百合さん〕

　選択性緘黙であることに加えて、自己表現活動が苦手で、これまでは、みんなで一緒に声を合わせて歌ったり、楽器を演奏することはなかった。トーンチャイムは、澄んだ音色に惹かれて、自分の耳の近くで数本の音のちがいを聴き比べた後、自分が選んだ音で自由に鳴らしていた[③]。授業終了後の聞きとりでは「めっちゃきれいやった」と言っていたことから、いい音を探した

せた喜びを感じていた。しかし、既成曲（『平均律』）の伴奏を始めると鳴らさなくなった[④]。スティックやトガトン、紙では、指導者や友だちの動きに関心を示していたが、自分から鳴らすことはなかった。カホンは、美術の時間に楽器を自分で作ったことが自信になり、好きな既成曲を好きな男性サブ指導者と一緒に演奏することを楽しんでいた。

> **指導者の視点**
>
> ③自由に演奏できる雰囲気と、響き渡る音色の魅力を感じられる授業づくりの大切さがわかりますね。
> ④自由な演奏が終わり、演奏方法の枠組みが提示されたことで、こうしなければいけないという意図を強く感じてしまい、自分の音を鳴らさなくなったと考えられます。

〔想像力豊かな真理子さん〕

　トーンチャイムは、自分で考えた言葉に合わせて、トーンチャイムでリズムをとって、友だちと音でやりとりをしていた。また「これはどうして鳴るのかな」と楽器の形状や音の鳴る構造[⑤]に関心を示していた。

　トガトンは、さまざまな奏法や友だちとの音の共有を楽しんでいた。スティックは、叩く場所や強さ、速さを自在に変えて、さまざまな雨音をイメージした音楽表現を楽しんでいた。紙では、「おもしろいねー」と言いながら、両手で挟んで叩いたり、放り投げたり、指で弾いたりと変化させた音を作っていた。カホンは、リズムの変化がつくりやすいので、叩く面や叩くリズムなどを変えてバリエーション豊かに鳴らしていた。

> **指導者の視点**
>
> ⑤楽器について学ぶきっかけに。発達的にも、物事の仕組みや筋道が気になる段階ですね。

授業づくりを考える

● 発達的なちがいと楽器選び

今回の事例では5種類の楽器を使用しました。発達的なちがいによって、より適切な活動内容や楽器の選択があります。

言葉の理解力のちがいが、楽器に対する関心と音の拡がり方に大きく関係していることがわかります。

言葉での理解がむずかしい健太は、見ただけでは活動意図や鳴らし方がわかりにくいスティックや紙はむずかしいですが、トガトンやカホンなど、大きく身体全体を使う楽器は楽しめていました。

日常生活で使う言葉は理解できますが、イメージを膨らませることが苦手な小百合は、楽器の音色や、サブ指導者とのやりとりに惹かれてトーンチャイムやカホンに関心を示していましたが、意図がわかりにくいトガトンや紙への関心は低かったです。

そして、イメージすることや物事の仕組みに関心がある真理子は、トーンチャイムの構造や音色のちがいに高い関心を示し、またスティックや紙もすぐに活動意図を理解して、イメージを膨らませて楽しんでいました。

このように、発達段階による、楽器とのアプローチ方法や向き合い方のちがいを表にまとめました。(「楽器選びの大切さ」P13参照)

表8) 楽器の種類と関心の示し方　(◎:関心が強い　○:関心がある　△:関心が弱い)

楽器	関心の示し方					
	健太		小百合		真理子	
トーンチャイム	○	友だちの様子や響き渡る音色に関心がある。	◎	きれいな響き渡る音色に関心を示す。	◎	きれいな音色や音の出る構造や仕組みに関心がある。
トガトン	◎	動きを伴う叩き方を楽しむ。鳴らし方で音も変わることに関心がある。	△	友だちが鳴らす様子が楽しい。	◎	音の出る仕組みや、演奏方法で音が変わることに関心がある。
スティック	△	友だちの動きを見て、模倣することが楽しい。	—	欠席	○	雨のイメージを音で表すことに関心がある
紙音	△	友だちの動きを見て、模倣することが楽しい。	△	友だちが鳴らす様子が楽しい。	◎	鳴らす方法を変えると音も変わることに関心がある。
カホン	◎	自分が楽器を作ったという思い入れがある。動きを伴う叩き方や鳴らし方で音が変わることに関心がある。	◎	自分が楽器を作ったという思い入れがある。動きを伴う鳴らし方が楽しい。	◎	自分が楽器を作ったという思い入れがある。鳴らし方で音が変わることに関心がある。

● 音階のちがいで、雰囲気を感じる
〔トーンチャイム〕

　音のつながりや重なりのちがいを感じられるように、指導者が事前にトーンチャイムの音の組み合わせをつくっておきます。今回の事例では、1回目のセットAでは、全音音階の7音「C・D・E・F♯・G♯・A♯・C」にしました。これは鉄腕アトムの歌の冒頭に現れる音階で、宇宙的な拡がりが感じられます。

　2回目のセットBは、ハ長調音階の「C・D・E・F・G」の5音にしました。これは、指導者のキーボードで『J.S.バッハ《平均律クラヴィーア曲集Ⅰ第1番ハ長調プレリュード》』の冒頭4小節部分をくり返す伴奏に合わせるためです。

〔キーボード伴奏〕

　これは、第3時に行った活動で、野村、片岡（2004）を参考にしています。アフリカ風の音型は、指導者がキーボードで民族音階特有の4音（A♭、B♭、D♭、E♭）を組み合わせて、4分の4拍子で八分休符を音の間に挟んで伴奏します。また、アラビア風の音型は、ジプシー音階の1つである（C、D♭、E、F、G）や（G、A♭、B、C、D）の音を順に使って、時々4音目の後に装飾音符を入れるメロディーを右手で、左手で（C、G）を繰り返す伴奏です。子どもたちはそれぞれのキーボード伴奏に合わせて、トガトンを演奏しました。アラビア風の音型では、蛇使いの真似をするなど子どもたちが雰囲気のちがいを楽しむ様子が見られるかもしれません。

● 言葉リズム遊び

　言葉の拍数に合わせて、楽器を打つ活動です。たとえば、「りんご」なら3拍打ち、「さくらんぼ」なら5拍打ちます。「拍」を楽しみながら知ることができる活動です。指導者と子どもでも、グループやクラスの子ども同士でも、クラス全員で同時に実施することもできます。

● トガトンダンス

　トガトンで出す音の強弱や速度変化にあわせて、身体を動かす活動をトガトンダンスと名付けました。子どもたちの動きに合わせて指導者がトガトンを鳴らすもよし、指導者のトガトンに合わせて子どもたちが動くパターンもよし。指導者とクラスのみんなも一緒に、身体全体で音とリズムを感じる楽しさを味わうことができます。

事例 6

図形楽譜をつかって、自分たちの音楽をつくりあげる

使用する楽器 → スリットドラム

学部：中学部　発達年齢：5歳〜6歳程度

【子ども・集団の情報】
☐ 中学部7名クラス
友だちと一緒にがんばれるクラス。
・かすみ（知的障害とダウン症候群・5〜6歳程度）
・光輝（知的障害と難聴・5〜6歳程度）
・豊（知的障害と高機能自閉症・5〜6歳程度）
・拓夫（知的障害・5〜6歳程度）

教材研究

●スリットドラム

　打面にスリット（切れ目）がある楽器をスリットドラムといいます。金属製で球体状のものもありますが、今回の事例では、横長、木製で箱型のものを使いました。木箱の大きさや切れ目（スリット）の入り方によって音の高さや音色が異なります。

　コンガやボンゴのように、大きく重くないため、子ども1人で、持ち運ぶことができます。また、スリットドラムを床に置いた状態で、座って安定した演奏ができるため、打つ手の形や打つ場所を変えることで容易に強弱や音色等が変えられることや、お互いの手元と表情がよく見えることが魅

力です。

　また、高さが異なる音が同時に鳴っても不快な響きにならないことに加え、音量は膜鳴楽器の太鼓類に比べると小さいため、お互いの音を聴き合い、響かせ合うことで一体感や心地よさが感じられる楽器であり、グループでの音楽づくりに適しています。

木製のスリットドラム

金属製のスリットドラム

●図形楽譜

　図形譜ともいいます。楽譜としてよく知られている五線譜を作成するためには、音符や休符、調性記号等のたくさんの音楽的知識が必要です。しかし、この図形楽譜では、演奏者が音を出すタイミングや演奏する順番を名前を書いた付せんで表します。強弱や速度、鳴らし方は、イラストや言葉、*p*（ピアノ：弱く）や*f*（フォルテ：強く）等の簡単な音楽記号で表します。音楽記号を学ぶ機会や、自分たちのつくる音楽を図やイラストで記す方法を考える機会にもなります。

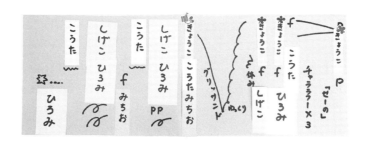

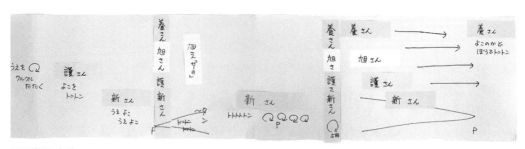

図形楽譜（例）

全体の指導計画（全6回）

	主な学習内容	ねらい	子どもの活動・目的
第1時 第2時	●スリットドラム 　音探し 　グループでの音楽づくり 　図形楽譜の作成	❶❷ ❸❹ ❺	友だちと相談しながら、図形楽譜を作成する。 →T「誰から鳴らす？」「どんな音で鳴らす？」と問いかけながら、子どもたちの思いを引き出す。
第3時 (本時)	●音探し　●図形楽譜の完成 ●図形楽譜を使って、打楽器奏者と合奏	❶❷ ❸❹ ❺	図形楽譜を作成し、自分たちの音楽を完成させる。
第4時	●音楽の要素や仕組みの学習、リズム打ちを知る	❸	リズムバリエーションや音楽記号を学習し、子どもの表現の幅を拡げる。
第5時	●管楽器を演奏する大学生とのコラボ演奏、動画撮影	❶❷❸ ❹❺	オリジナル図形楽譜を使って、管楽器と一緒に演奏する。楽器のコラボレーションを楽しむ。
第6時	●前時で撮影した動画の視聴	❸❺	動画を視聴することで、演奏している時に気がつかなかった音楽の流れを感じる。

本時（第3時／全6回）の授業の流れ

	活動内容	授業のポイントや言葉かけの例	ねらい
導入	〔スリットドラム〕 ●提示 ●音探し ●音楽づくり	T「どんな音だったかな？」 T「他には、どんな音が鳴りますか？」	❶❷ ❸
展開	●図形楽譜の説明	T「楽譜のつくり方は覚えていますか？　自分の名前の付せんを貼ったところで音を出します。演奏方法は、大きく、速く、ゆらゆら、ポンと言葉で書いてもOK。pやfと記号で書いてもよかったですね」	❶❷ ❸❺
	〔スリットドラム〕 ●図形楽譜を 　完成させる	T「演奏する順番はどうしますか？　〇〇さんの後には、誰が鳴らす？」 「2人が一緒に鳴らすのはどうですか？　付せんを縦に並べると一緒に鳴らす場所がわかるね」 「最後はどんな終わり方にしますか？　みんなで一緒に？　1人ずつ？」	❶❷❸ ❹❺

【ねらい】❶音のちがいやおもしろさに気づく　❷音楽表現に思いをもつ　❸つくり方を工夫する
❹一緒につくる　❺音楽表現を楽しむ

Part2　音楽づくりの実践編　67

| まとめ | ●打楽器奏者との合奏 | 奏者のマリンバと合わせる
T「どんな音楽になるか楽しみだね」
T「(合奏終了後) 演奏していてどうでしたか?」 | ❶❷❸
❹❺ |

 子どもの様子から考える

〔独創性豊かなかすみさん〕

　授業の前半は、マレットを逆さ向きに打つなど独創性豊かに、自分の世界で楽しむことが多かった①。しかし後半になると、友だちの音や声を聴く場面が増え②、ユニゾンで合わせるところでは友だちの奏法を真似してタイミングを合わせて演奏する楽しみを感じていた。

指導者の視点

①まずは自分の音を選ぶこと、工夫すること等、自分の音を出す楽しさを重視しましょう。
②子どもたちが自分の音を十分に味わった上で、グループで空間を共有して、1つの音楽をつくる学習をすることで、友だちの音との響き合いの魅力を伝えていきましょう。

〔活動的な光輝さん〕

　思ったことをすぐに言葉や音で表出できる③ので、グループでの音楽づくりに勢いを与えていた。マレットの逆さ持ちやマレットを持つ数を増やすことなど、友だちの真似をするだけでなく、スリットドラムを木魚に見立てて、手を合わせながら打ったり、直接手で打ったりとユニークなオリジナル奏法を考え出していた。その後、友だちに気持ちを向けて、同じタイミングで音を重ねることや、ユニゾンで合わせることも楽しんでいた。

指導者の視点

③いろいろな奏法で、次から次へと音を鳴らす子どもがいることで、グループでの音楽づくりが活発に展開していきました。ここもほめるポイントになりますよ!

〔探求心旺盛な豊さん〕

　マレットを持たずに、手を握ったり、開いたり、指関節を使ったりして、打ち方のバリエーションを拡げていた。また、手で持つマレットの数を増やすなどおもしろい奏法を取り入れていた。スリットドラムの上面と側面を同時に使うなど2つ以上の奏法を組み合わせるなど探求心旺盛。ユニゾンで合わせるところでは、アイコンタクトで友だちとタイミングを合わせるなど全体のリード役を担っていた④。

> 指導者の視点

④表現力豊かに１人での音楽づくりを楽しむ力に加え、ここでは、友だちの動きも意識できるからこそ、４人の音表現をうまく取り入れながら１つの音楽としてまとまりをつくることができています。ここもほめポイント！

〔合いの手上手な拓夫さん〕

　他の３人のように自分から次々に新しい奏法を考え出すことはないが、ソロ演奏で順番に音を出す時には、マレットの使い方を変化させたオリジナル奏法を考えていた。「おー」「いいよ、いいよ」など、友だちに対する賞賛や合意の言葉をタイミングよく発しながら、演奏していた⑤。

> 指導者の視点

⑤日常生活でも自分の思いを表出する前に、周りの雰囲気を読むことが得意な子どもは、友だちの動きをひとつひとつよく見ています。ここでは友だちを賞賛しながら真似をする拓夫の存在が、グループを優しい雰囲気にし、音楽的なモチーフを確認する大切な役割を担っていたことがわかります。

４人の役割分担と音楽幅の拡がり

　４人の関係性を整理すると、各人の役割が音楽づくりの中でうまくかみ合っていることがわかります。

　かすみは、他の子どもが考え出さないような独特な奏法を生み出しますが、はじめは１人で楽しんでいます。しかし、友だちの楽しそうな声や音を聴く中で、音を合わせる楽しさも感じてきます。４人で相談しながら曲の終わりを工夫する中で、最後の見せ場をつくる役を任せられると、とても張り切って演奏し、グループの音楽に変化をもたらすスパイスの役割を担っていました。

　光輝は、他の子どもが思わず真似をしたくなるような奏法を発想力豊かに考えていました。曲の表現幅を拡げる音楽的な提案役です。

　豊は、発想豊かにいろいろな奏法を率先してトライしています。また、友だちとアイコンタクトをとって曲を始めるタイミングやテンポを決めたり、友だちに次のフレーズを促したりとグループのまとめ役でした。

　拓夫は、友だちの奏法を上手に真似するとともに、賞賛や合意の言葉をタイミングよく発することで場の一体感や楽しい雰囲気をつくっていく盛り上げ役でした。

　４人それぞれの役割が関係し合うことで、音楽的な表現幅の広さや、集団のダイナミクスを感じることができる音楽づくりが展開されていました。

授業づくりを考える

● 相談しながら、自分たちの音楽をつくること

■ 発達的に見ると…

今回の事例のように、書き言葉を獲得し、子どもたち自身で物事をつくりあげることを楽しめる子どもたちの場合、子どもたちがお互いに関係し合う中で、スパイス役・提案役・まとめ役・盛り上げ役がうまく機能して創造性豊かな音楽づくりを行うことができます。認識面が5～6歳頃の発達的特徴として、お互いの動きや思いを共有できるため、スリットドラムを打つ動きを絵や文字を使って図形楽譜に表すことができます。また話の筋道をつけることや文字や記号から音のイメージを共有することができます。

さらに、楽譜を見ながら強弱やアーティキュレーション（音の強弱・長短等で表情をつけること）を工夫することや、演奏が盛り上がる方法を考えていくプロセスに創造の喜びを感じることもできます。そして、できる・できないという二面的評価を超えて、ここを工夫したから、前よりもよくなってきたと多面的な評価で自分を対象化できる力が芽生えてくる段階でもあります。このため、友だちと一緒に行う音楽づくりの中で、自分が考えた奏法を友だちと一緒に演奏し、全体としての一体感をつくっていく中で、変化していく作品を自分の成果物として多面的・系統的に捉えることができます。1人で考える奏法だけでなく、友だちの奏法を真似したり変化させたりする音の拡がりを自分の喜びとして感じられる音楽づくりにすることができます。

● 録画・録音で記録を残すこと

録画・録音で記録を残すことで、自分たちの演奏を客観的に見たり、聴いたりする機会にできます。P14でも書きましたが、音楽は時間とともに消えていく活動ですので、発表の場を設けてその場にいる人たちで同じ音を共有することや録画・録音で記録しておくことが大切です。

録画を緊張した表情で見る子、にこにこと笑いながら見る子、この時こんなことしたと覚えている子がいたりとさまざまです。記録に残すことで、活動を振り返ることができ、友だちと自分たちの音楽を共有して話すことができるのです。

事例 7

自分の身体をうまく使って

使用する楽器 → 調理用ボウル、お椀、マリンバ

学部：高等部　発達年齢：生活年齢と同じ

【子ども・集団の情報】
☐ 高等部 4名クラス
・昭平（肢体不自由単一障害学級所属、筋ジストロフィー症）
　気は優しく、おしゃべり大好き。

教材研究

● 『ボウルファンタジー』（安田直己作曲，2009）
　打楽器アンサンブル曲として、京都市立芸術大学在学中の安田直己さんが作曲しました。初演は11名、5パート編成で演奏されました。この事例では、おもしろい動きやわかりやすいリズムの箇所を抜き出してアレンジしました。

調理用ボウル

Part 2　音楽づくりの実践編　71

●役割分担奏

　高倉（2012）で、「黒鍵で即興演奏する（マリンバ）」で、「アジア的なにおいがする」として紹介されている黒色鍵盤の5音音階だけを使った演奏です。
・低い音を持続させるドローン役
・低い音域で決まったパターンを繰り返す伴奏役
・比較的広い音域で自由に奏でる旋律役
・高い音域で飾りの音を入れる合いの手役

以上の4つの役割に分かれて演奏します。

　高倉（2012）は、演奏の始め方としてドローン役が最初に音を鳴らし始め、順に伴奏役、旋律役、合いの手役が入る方法を示していますが、今回の事例では、わかりやすさを優先して、演奏の終わり方も合いの手役、旋律役、伴奏役、ドローン役の順に音が消えていくようにしました。

　特に、この事例では、知的障害を伴わない肢体不自由単一障害のクラスでの実践であったため、楽譜の意味やそれぞれの役割（ドローン役、伴奏役、旋律役、合いの手役）を、言葉での説明で理解できます。また、クラスの友だち同士が意識して、お互いに協力することで新たに生まれる音の世界を感じてほしいと考えました。それぞれの役割を決めることで、ゼロから考えなくてもよい安心感と友だちと協力する必然性をつくることができます。

本時（第1時／全1回）の授業の流れ

	活動内容	授業のポイントや言葉かけの例	ねらい
導入	●打楽器奏者による模範演奏	『ボウルファンタジー』の楽譜の説明を聞く。 『ボウルファンタジー』の模範演奏を聴く。	❶❷ ❸❺
展開	〔お椀・ボウル〕 ●音探し ●音楽づくり ●発表	お椀やボウルの大きさや材質による音色のちがいを感じる。 好きなお椀やボウルを選び、さまざまな奏法を試す。	❶❷❸ ❹❺
	〔マリンバ〕 ●音楽づくり	マリンバでの役割分担奏の説明を聞く。 自分の希望するパートを選ぶ。	❶❷❸ ❹❺
まとめ	●打楽器奏者とのコラボ演奏		

【ねらい】❶音のちがいやおもしろさに気づく　❷音楽表現に思いをもつ　❸つくり方を工夫する
　　　　　❹一緒につくる　❺音楽表現を楽しむ

子どもの様子から考える

〔おしゃべり大好きな昭平さん〕

● ボウルの演奏

　両手に1つずつ持ったボウル同士を打ち合わせた後、ボウルを小刻みに動かすロール奏法を行った。ロール奏法は、<u>サブ指導者と一緒に競いながら練習していた</u>①。その後、1つのボウルを両手で持ち上げて机の上に落とす。次に2つのボウルを打ち合わせて♩♫♩｜♩♪♩♩♪のリズムで、速度変化や斜めに重ね合わせるなど、さまざまな奏法を工夫して演奏していた。

> **指導者の視点**
>
> ①日用品を楽器として使うことに戸惑う子どももいますが、サブ指導者が楽しそうに音を鳴らすことで、子どもたちも音探し・音楽づくりを楽しむことができますよ！

● マリンバの演奏

　昭平は体幹の保持力や握力が弱いために、一定の姿勢を保持して片手でマレットを握り続けることや、上肢をすばやく上下させる動きはむずかしい。このため、<u>まず鉛筆を持つように親指と人差し指の間にマレットを挟み、反対の手で支えていた</u>②。そして、両手の力を使ってマレットを持ち上げ、鍵盤の上に落下させて音を出す等の、自分ができる動きを工夫して演奏していた。

　1回目の分担奏の演奏では、伴奏役になり、自分で決めた3音を繰り返し演奏していた。終わった時には「うん。いきなりよかった」と笑顔で答えていた。2回目は、メロディー役を選び、すぐに「しよっ」と大きな声で答え、電動車椅子を操作して所定の位置に移動した。全体の演奏が始まるまでに、「何でもいいの？」と尋ねながらも、跳躍進行（隣りあう音よりも広い音程を進むこと）や順次進行（隣り合った音に進むこと）を織り交ぜて自由に演奏していた。全体発表では、はじめに一音飛ばしで5つの音を下降した後、自由に音の高低や強弱をつけて演奏していた。3回目の打楽器奏者とのコラボ演奏では、「ゆっくりでいいよ」と、動きがゆっくりな友だちを気遣いながら、全身でリズムをとり、友だちの音との響き合いを楽しんでいた。終了後は、「うん。おもろい」と即答していた。

> **指導者の視点**
>
> ②自分の力で可能な手の動かし方を工夫している様子が伝わりますね。

授業づくりを考える

● それぞれの子どもにとって、必要な学習環境を整えること

肢体不自由の子どもが活動する時には、自分の身体能力を最大限使えるように環境を整えることが必要です。その際、負荷がかかりすぎない姿勢を保ち、可動域を考えた適切な動きを引き出すために、車椅子とマレットとの位置関係、肘を置く台の位置、リクライニングの角度、カットテーブルの高さ等の調整が必要です。また、子どもによっては、ボウルの大きさや重さ、マレットの重さや長さ等も考えます。このように補助具や介助を工夫することで、音の高さ・音の強さ・音色など、その子どもが表現したい音を出すことができます。

● 自分の動きから発せられる音がすべて認められること

これまでの事例や「音楽づくりとは」（Part1参照）でも述べたように、音楽づくりでは、子ども自身が出した最初の音を特に大切にします。肢体不自由の子どもの場合、自分で出した音を、自分の力で大きく変化させることはむずかしいからこそ、特に一音目が大事だと考えています。自分の音が認められたと実感できたことで、自信をもって次々と音を生み出していけます。

また、相手が自分の音をどう感じているのか気になる段階の子どもであれば、失敗したくない気持ちが強くなることもあり、安心して音を出せる雰囲気が必要です。つまり、今の自分がそのまま認められることで、等身大の自分を肯定することにつながります。

マリンバでの「役割分担奏」では、1人演奏から始めて1人ずつ順に増えていく、曲の終わりは演奏する人が順に減っていく設定にしたことで、緊張感は高まりますが、どの子どもも1音目に注目を集めることができます。どんな音でも認められる雰囲気を大事にするからこそ、友だち同士の音のつながりや重なりを実感することができる授業になります。

● 肢体不自由の子どもが自分の世界を拡げること～音楽づくりの意義

この事例で取り上げた子どもたちは、全員、日常的に電動や手動の車椅子を使用しており、上肢や下肢を使った力強い大きな動きはむずかしいために、自分が得手とする部位や方向に過度な負荷がかかると、変形や拘縮が進むことがあります。あるいは、特定の部位を使わないことによって筋力の低下や関節可動域の狭さが進み、体幹保持のむずかしさが出てくることもあります。また、進行性の疾患や成長に伴う変化によって、日常生活の中での介助の割合が増えることや、的確に言葉で依頼できないことに焦燥感を感じて、意欲の減退や精神的な不安定さにつながることもあります。

つまり、肢体不自由の子どもは、日常生活において介助者なしに1人でできることには制限がある場合が多く、外出や人と関わる経験、自分から思いを発信することや

自分の知っている世界を拡げる機会も少ないことがあります。

また、2009年（平成21）年度版の特別支援学校高等部学習指導要領解説でも、「肢体不自由のある児童生徒は、身体の動きに困難があることから、様々な体験をする機会が不足しがちであり、そのため表現する意欲に欠けたり、表現することを苦手としたりすることが少なくない」と記されています。

音楽づくりは、自分の動きがそのまま音として表出されるため、自分の身体を動かしている実感がもてる活動であり、肢体不自由生徒の内面形成が促されると考えます。また、自然な動きを助けるような介助を行うことで、自分の身体を意図的に動かせた感覚をもつことができ、自分自身の存在を認めることにつながると考えます。すなわち、自分の身体を動かすことでオリジナルな自分の音を表現する「音楽づくり」という活動が、肢体不自由の子どもたちにとって、自分が身体を動かせる意味であり、自分が存在する意義を明確に自覚できる活動になると考えます。

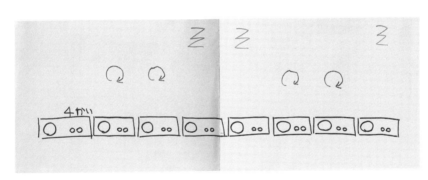

図形楽譜（例）

> コラム

❹ 音楽を楽しむ様子を伝えるためには

　音楽は時間とともに流れていく活動です。そのため、音楽づくりの活動は、その時その場にいる人たちが同じ音の響きを体験することや、発表の場があることに大きな意味があります。また、録音や録画で演奏者と時間の経過を共有することが大きな意味をもってきます。

　音楽表現や音楽作品などの目に見えない音の流れを、録画や録音以外で伝える方法として、楽譜があります。よく知られているのは五線譜ですが、たとえば五線譜で記譜できない現代音楽の作曲家は、イメージやイラスト等を使った楽譜を作成しています。

　事例６で紹介した図形楽譜は、実際に鳴らしたい音を絵や記号で表したり、演奏する人の順番や重なり方を名前を書いた付せんを貼って表す楽譜です。記録があれば、音楽をつくった後に時間が経っても、その記録を見ることでその音楽を演奏することができます（再現性）。これがつくった作品がそのまま残る美術作品や書道作品との大きなちがいです。

　また、音楽の授業での子どもたちの様子を言葉で表現することのむずかしさを、私は常に感じてきました。子どもたちの生き生きとした音楽表現を、言葉でどう伝えるのか。

　実践研究会や学会発表等では、映像を使ってイメージを共有した上で、たとえば、トガトンを使った音楽づくりであれば、次のような言葉で表現してきました。

　リズム表現であれば、「タタタンタタタン」「タンタタタンタンうんタンタンうん」と言葉で表したり、「♪♪♪♩」「♩♪♪♩♪♪♪」と音符や休符で表すことができます。音の高さであれば、ドレミファソやCDEFG、あるいは同じCの音でもC４（４オクターブ目のドの音）よりC５（５オクターブ目のドの音）の方が１オクターブ高い音を表します。強弱や速度や演奏方法についてもさまざまな音楽の専門用語や記号が使えます。

　むずかしいのは、子どもの様子や音のイメージを言葉で記録することです。これまでの実践研究では以下のように表現してきました。♪♪♩のリズムを繰り返し鳴らす子、数回連打した後で友だちや先生の音を聴いている子、低い音で規則的なリズムを演奏することでベースやドローンになる子、友だちのリズム音型を真似する子、高い音で不規則に入る飾りの音を鳴らす子、自分の音を目立たせるために大きな音や速い音で鳴らす子、友だちの音が終わるとすぐに音を出し始めて、全体をリードしていく子、速く大きく盛り上げた後、徐々に小さくして消えていく子、「せーの」の合図で１回ポンと打って終わる子等々です。

　本書でも、それぞれの事例で子どもたちの様子や音を伝えるために、言葉を駆使するとともに、写真をもとに描いてもらったイラストも載せています。子どもたちの動きや音、そしてその場の雰囲気をイメージしてもらえるとありがたいです。

Part 3
音楽づくりの歴史的背景

音楽づくりの歴史的背景

1 外国の新しい音楽教育の状況

　Part2では、いろいろな実態の子どもたちとの授業実践を紹介してきました。

　それでは、このような自由な音楽表現活動である音楽づくりは、いつ、どこで、だれが考えたものでしょうか。

　日本の学校音楽は、欧米から大きな影響を受けています。少し欧米の音楽の流れをみてみましょう。

　欧米諸国では、19世紀になりロマン主義の最盛期から表現主義・印象主義といわれる時代を経る中で、つくり方に絶対的な決まりがあった音楽から自由な形式の音楽が好まれるようになり、機能和声法から非調性的音楽に移ってきました。

　そして1960年代から1970年代になると、音楽教育の現代化や即興の重視や音楽カリキュラム改革運動としてCreative Music Making（CMM）の活動が国境を越えて展開されました。たとえば、アメリカでは、全米音楽教育者協議会による音楽カリキュラム改革運動がおこりました。ドイツでは、新しい音楽教育方法がオルフアプローチとして、カール・オルフとグルニト・ケートマンによって提唱されました。これは自由な音楽創作活動の方法として、オルフ楽器（使用する音板を調整できる）とともに、日本でも拡がっています。カナダでは、1965年からR．マリー・シェーファーによって音楽教育にかかわる本が出版され、イギリスでは、ジョン・ペインターとピーター・アストンの『Sound and Silence』（1970）が出版されました。日本では、『Sound and Silence』の訳本『音楽の語るもの』（1982）が出版され、音楽づくりにつながる活動として、創造的音楽学習が紹介されました。さらに、日本ではR．マリー・シェーファーの『教室の扉』（1980）や『サウンド・エデュケーション』（1992）の影響も受けています。

■「音楽づくり」に関連する名称について

　音楽づくりは、『音楽の語るもの』では「創造的音楽学習」と訳されていますが、他の著書では「創造的音楽創作」「創造的音楽作り」「音楽づくり」「創造的音楽教育活動」等と記されています。表にまとめました。

音楽づくりに関連する名称	出典
創造的音楽創作	R．マリー・シェーファー（1980）『教室の扉』高橋悠治訳、全音楽譜出版社
創造的音楽学習	ジョン・ペインター、ピーター・アストン（1982）『音楽の語るもの』山本文茂・坪能由紀子・橋都みどり共訳、音楽之友社
創造的音楽作り	山本文茂（1992）「創造的音楽作りとは何か—『サウンド・アンド・サイレンス』を考える—」『季刊音楽教育研究』音楽之友社
音楽づくり	島崎篤子（1993）「音楽づくり」『音楽づくりで楽しもう』日本書籍
創造的音楽教育活動	リリ・フリーデマン（2002）『おとなと子どものための即興音楽ゲーム』山田衛了訳、音楽之友社

小学校学習指導要領1989（平成元）年版では「音楽をつくって表現できるようにする」、2008（平成20）年版では「音楽づくり」として、また特別支援学校学習指導要領でも、「音楽づくり」と記されています。

2 日本の音楽教育について

　西洋音楽史上における創造活動の絶頂期は、日本では明治期にあたります。日本の学校音楽は、明治になり、音楽取調掛（1879-1887）が設置され、西洋音楽が積極的に導入されました。その後、大正デモクラシーの流れを受けて、自由な創作音楽がわき起こりましたが、次第に、音楽は軍国主義教育の意気を高揚するものとして利用されるようになります。

　そして、戦後は、民主主義の台頭とともに、再び西洋音楽を中心にした機能和声的な音楽が、学校音楽に取り入れられ、今でもその影響は色濃く残っています。しかしながら、西洋の流れに一歩遅れる形で、日本でもより自由な音楽へと変化し、今日では現代音楽と称される多様な価値観をもつ音楽が台頭してきています。また、同時に日本固有の伝統音楽に注目する状況も現れてきていることから、隆盛期の西洋音楽一辺倒であった音楽教育は変わってきています。こうした新しい流れを受けて、日本の学校音楽にも音楽づくりが入ってきました。

3 教育行政との関係——学習指導要領における位置づけ

　音楽づくりが学校音楽に入ってきた時代的背景としては、先に述べたような外国の新しい音楽教育の流れとともに、次に述べる日本の教育行政の影響があげられます。

　日本の政財界の動向は、およそ10年ごとに改訂される学習指導要領に大きな影響を与えています。

　小学校学習指導要領[※1]の改訂版ごとの特徴と、「創作」・「音楽づくり」の位置づけを関連させてみていきます。

　学習指導要領1947（昭和22）年版や1951（昭和26）年版は、戦後教育の民主化の下で、「人間性」や「人格の発達」が音楽の目標とされ、「旋律創作」が記されています。しかし、1958（昭和33）年版以降は「人間性」「人格の発達」等の崇高な言葉は消えています。1968（昭和43）年版では、基本方針で基礎の充実が謳われます。音楽科では「歌唱」「器

※1　1947年版は試案、1951年版は第2次試案として小学校版と中学・高校版に分冊、1958年版以降は文部省告示として官報に公示される。

楽」「創作」「鑑賞」に加えて、「基礎」領域が新設され「他の領域と有機的・総合的に関連しながら指導」と記され、「創作」は5領域の1つとして、引き続き、即興から記譜を伴う旋律創作が活動の中心になりました。

　1977（昭和52）年版では、これまでの詰め込み教育から一転して、ゆとりカリキュラムとして内容が削減され、「表現」と「鑑賞」の2領域設定になり、記譜を伴う「旋律創作」はなくなり、即興的にリズムや旋律を工夫することが重視されました。そして1989（平成元）年版では「音楽性の基礎を培う」「音楽を愛好する心情」「音楽に対する感性」が記され、新しい学力観として、「社会の変化に自ら対応できる心豊かな人間の育成」として個性重視が示されました。この個性を重視する活動として表現領域の1つに新設されたのが、「音楽をつくって表現できるようにする」です。これは、日本に創造的音楽学習を紹介した『音楽の語るもの』の訳者の一人である山本文茂が指導要領作成協力者であったことや、来日したオルフの影響を受けた星野圭朗らの教育実践が積み重ねられていたことが影響しています。こうして「音楽をつくって表現」が1989年版の学習指導要領に初めて明記されたことは、音楽づくりに関係してきた人々にとっては、「戦後半世紀近い〈学習指導要領〉の体制をのり越えて、21世紀に生きる子どもたちが心ゆたかな音楽生活をいとなむことができるよう」（松本、1985）になる喜ばしい変化として受け止められました。

　その後、1998（平成10）年版でも、「音楽をつくって表現できるようにする」と記されています。2008（平成20）年では2領域設定は変わらないまま、「つくって表現」から「音楽づくり」に名称が変更され、音を音楽に構成する過程や仕組みが重視され、音を効果音づくりだけに還元しない創造的音楽学習本来の流れが強く反映された記述になりました。

　そして、現行の2017（平成29）年版では、引き続き、「A表現」（（歌唱）（器楽）（音楽づくり）の3分野）として、音楽づくりは「音遊びや即興的に表現する」活動と「音を音楽へと構成する」活動として記されています。

　次に、特別支援学校・養護学校（精神薄弱）の学習指導要領での変遷を小学部・中学部・高等部にわけてみていきます。

■ 小学部の学習指導要領

　1963（昭和38）年版では、音楽の目標は「楽しく、明るい学校生活」のための音楽であり、「音楽的感覚の芽生え」によって「簡単な動作ができる」ための手段として位置づけられていました。また、正しく演奏することよりは「自由に」「楽しく」することが中心におかれていました。

　しかし、1971（昭和46）年版では、「音楽的感覚の発達」や「音楽表現に必要な技能」（傍点は筆者）の習得が中心となり、何かを身につけるための手段としての音楽ではなく、音楽的な感覚や技能そのものの習得が目標とされるようになりました。

　1979（昭和54）年版では、ゆとり教育の流れや、養護学校の義務制実施に伴って重度重複障害の児童生徒数が増加したために、技能の習得ではなく、音そのものに関心を向ける活動が例示されるようになります。1989（平成元）年版になると、障害の重度化に対応するために、発達別に3段階に分けて表記さ

れるようになり、1999（平成11）年版からは、「音遊び」が記され始めます。2009（平成21）年版の解説書では、「音楽遊び」が、扱う楽器や音そのものの種類を広く捉え、さまざまな音との出会いや身体表現との関係で記されています。これは音楽づくりにつながる活動ではありますが、記されているのは1段階のみであり、あくまでも認識的に幼い段階の活動として考えられていました。

そして、現行の2017（平成29）年版で初めて、小学部2段階および3段階の「A表現」の中に、「ウ　音楽づくり」が明記されました。初めて導入されたことに関しては、解説書にも特段の説明はないことから、学習指導要領改訂の特徴の1つである「学びの連続性」の観点から、通常学校と足並みを揃えるために明記されたと考えられます。

音楽づくりに関係する箇所を、現行の学習指導要領から引用・整理します。

小学部　第2款　知的障害者である児童に対する教育を行う特別支援学校
第1　各教科の目標及び内容　〔音楽〕1目標（略）
2　各段階の目標及び内容
○1段階　（注：音楽づくりではなく音楽遊びと記されている）
　⑴　目　標
　　ア　音や音楽に注意を向けて気付くとともに，関心を向け，音楽表現を楽しむために必要な身体表現，器楽，歌唱，音楽づくりにつながる技能を身に付けるようにする。
　⑵　内容
　　A　表　現
　　　ア　音楽遊びの活動を通して，次の事項を身に付けることができるよう指導する。
　　　　㈠　音や音楽遊びについての知識や技能を得たり生かしたりしながら，音や音楽を聴いて，自分なりに表そうとすること。
　　　　㈡　表現する音や音楽に気付くこと。
　　　　㈢　思いに合った表現をするために必要な次の㈠から㈢までの技能を身に付けること。
　　　　　　㈠　音や音楽を感じて体を動かす技能
　　　　　　㈡　音や音楽を感じて楽器の音を出す技能
　　　　　　㈢　音や音楽を感じて声を出す技能

○2段階
　⑴　目　標
　　ア　曲名や曲想と簡単な音楽のつくりについて気付くとともに，音楽表現を楽しむために必要な身体表現，器楽，歌唱，音楽づくりの技能を身に付けるようにする。
　⑵　内　容
　　A　表　現
　　　ウ　音楽づくりの活動を通して，次の事項を身に付けることができるよう指導する。
　　　　㈠　音楽づくりについての知識や技能を得たり生かしたりしながら，次の㈠及び㈡をできるようにすること。
　　　　　　㈠　音遊びを通して，音の面白さに気付くこと。
　　　　　　㈡　音や音楽で表現することについて思いをもつこと。

(ｲ)　次の㋐及び㋑について，それらが生み出す面白さなどに触れて気付くこと。
　　　㋐　声や身の回りの様々な音の特徴
　　　㋑　音のつなげ方の特徴
　　(ｳ)　気付きを生かした表現や思いに合った表現をするために必要な次の㋐及び㋑の技能を身に付けること。
　　　㋐　音を選んだりつなげたりして，表現する技能
　　　㋑　教師や友達と一緒に簡単な音や音楽をつくる技能

○3段階
　(1)　目　標
　　ア　曲名や曲想と音楽のつくりについて気付くとともに，音楽表現を楽しむために必要な身体表現，器楽，歌唱，音楽づくりの技能を身に付けるようにする。
　(2)　内　容
　　Ａ　表　現
　　ウ　音楽づくりの活動を通して，次の事項を身に付けることができるよう指導する。
　　(ｱ)　音楽づくりについての知識や技能を得たり生かしたりしながら，次の㋐及び㋑をできるようにすること。
　　　㋐　音遊びを通して，音の面白さに気付いたり，音楽づくりの発想を得たりすること。
　　　㋑　どのように音を音楽にしていくかについて思いをもつこと。
　　(ｲ)　次の㋐及び㋑について，それらが生み出す面白さなどと関わって気付くこと。
　　　㋐　声や身の回りの様々な音の特徴
　　　㋑　簡単なリズム・パターンの特徴
　　(ｳ)　気付きや発想を生かした表現や，思いに合った表現をするために必要な次の㋐及び㋑の技能を身に付けること。
　　　㋐　音を選んだりつなげたりして表現する技能
　　　㋑　教師や友達と一緒に音楽の仕組みを用いて，簡単な音楽をつくる技能

3　指導計画の作成と内容の取扱い
　　ク　2段階及び3段階の「Ａ表現」のウの音楽づくりの指導に当たっては，次のとおり取り扱うこと。
　　(ｱ)　音遊びや即興的な表現では，リズムや旋律を模倣したり，身近なものから多様な音を探したりして，音楽づくりのための発想を得ることができるよう指導すること。
　　(ｲ)　どのような音楽を，どのようにしてつくるかなどについて，児童の実態に応じて具体的な例を示しながら指導すること。
　　(ｳ)　つくった音楽については，指導のねらいに即し，必要に応じて記録できるようにすること。記録の仕方については，図や絵によるものなど，柔軟に指導すること。
　　(ｴ)　拍のないリズム，我が国の音楽に使われている音階や調性にとらわれない音階などを児童の実態に応じて取り上げるようにすること。

■ 中学部の学習指導要領

中学部の音楽の目標は、小学部と異なります。

1963（昭和38）年版では「生活にうるおい」、1971（昭和46）年版では「明るくうるおいのある生活」、1979（昭和54）年版以降も一貫して「生活を明るく楽しいものにする態度と習慣を育てる」と記されています。小学部学習指導要領では、養護学校が義務制になった1979（昭和54）年版以降、音そのものに関心を向けることが目標になっていましたが、中学部では「態度と習慣を育てる」手段として音楽が位置づけられています。

そして、1971（昭和46）年版で「創造的」、1999（平成11）年版で「自由」という言葉が記され、2009（平成21）年版解説書では「音をいろいろ工夫して、自分自身の音楽を創り、自ら音楽活動をする意欲を喚起する」と記されていることから、音楽づくりと明記はされていないものの、通常学校の「音楽づくり」の流れは感じられます。こうした流れを受けて2017（平成29）年版で初めて1段階・2段階の「A表現」のウとして音楽づくりが明記されました。

小学部同様、現行の学習指導要領から、音楽づくりに関係する箇所を引用・整理します。

中学部 2 各段階の目標及び内容
○1段階
(1) 目　標（略）
(2) 内　容
　ウ　音楽づくりの活動を通して、次の事項を身に付けることができるよう指導する。
　　(ｱ)　音楽づくりについての知識や技能を得たり生かしたりしながら、次の㋐及び㋑をできるようにすること。
　　　㋐　音遊びを通して、どのように音楽をつくるのかについて発想を得ること。
　　　㋑　音を音楽へと構成することについて思いや意図をもつこと。
　　(ｲ)　次の㋐及び㋑について、それらが生み出す面白さなどと関わらせて気付くこと。
　　　㋐　いろいろな音の響きの特徴
　　　㋑　リズム・パターンや短い旋律のつなげ方の特徴
　　(ｳ)　発想を生かした表現、思いや意図に合った表現をするために必要な次の㋐及び㋑の技能を身に付けること。
　　　㋐　設定した条件に基づいて、音を選択したり組み合わせたりして表現する技能
　　　㋑　音楽の仕組みを生かして、簡単な音楽をつくる技能
○2段階
(1) 目　標（略）
(2) 内　容
　ウ　音楽づくりの活動を通して、次の事項を身に付けることができるよう指導する。
　　(ｱ)　音楽づくりについての知識や技能を得たり生かしたりしながら、次の㋐及び㋑をできるようにすること。
　　　㋐　即興的に表現することを通して、音楽づくりの発想を得ること。
　　　㋑　音を音楽へと構成することについて思いや意図をもつこと。

(イ)　次の㋐及び㋑について，それらが生み出す面白さなどと関わらせて理解すること。
　　　㋐　いろいろな音の響きやその組み合わせの特徴
　　　㋑　リズム・パターンや短い旋律のつなぎ方や重ね方の特徴
　(ウ)　発想を生かした表現，思いや意図に合った表現をするために必要な次の㋐及び㋑の技能を身に付けること。
　　　㋐　設定した条件に基づいて，即興的に音を選択したり組み合わせたりして表現する技能
　　　㋑　音楽の仕組みを生かして，音楽をつくる技能

3　指導計画の作成と内容の取扱い
　ク　各段階の「A表現」のウの音楽づくりの指導に当たっては，次のとおり取り扱うこと。
　(ア)　音遊びや即興的な表現では，リズムや旋律を模倣したり，身近なものから多様な音を探したりして，音楽づくりのための発想を得ることができるよう指導すること。
　(イ)　どのような音楽を，どのようにしてつくるかなどについて，生徒の実態に応じて具体的な例を示しながら指導すること。
　(ウ)　つくった音楽については，指導のねらいに即し，必要に応じて記録できるようにすること。記録の仕方については，図や絵によるものなど，柔軟に指導すること。
　(エ)　拍のないリズム，我が国の音楽に使われている音階や調性にとらわれない音階などを生徒の実態に応じて取り上げるようにすること。

■ 高等部の学習指導要領

　高等部の学習指導要領では、音楽の目標として1972（昭和47）年版の「明るくうるおいのある生活」と記され、1979（昭和54）年版以降は一貫して「生活を明るく楽しいものにする態度と習慣を育てる」ことが記されています。これは中学部と同じ流れです。

　1972（昭和47）年版で記されていた「正確に美しく」は、1979（昭和54）年版では削除されています。また、1979（昭和54）年版や1989（平成元）年版では「表現」についての記述が増え、1999（平成11）年版で「創造的」な身体表現が明記され、2009（平成21）年版では、音源の種類や音楽のジャンルが広がり、音楽を幅広く捉えるようになったことが読み取れます。そして、2019（平成31）年版で、初めて1段階2段階のA表現の中に、ア歌唱・イ器楽・ウ創作・エ身体表現として「創作」が明記されました。

　高等部においても、現行の学習指導要領から引用・整理します。

高等部　2　各段階の目標及び内容
○1段階
　(1)　目　標（略）
　(2)　内　容
　　A　表　現
　　　ウ　創作の活動を通して、次の事項を身に付けることができるよう指導する。

(ア) 創作表現についての知識や技能を得たり生かしたりしながら，創作表現を創意工夫すること。
(イ) 次の㋐及び㋑について，それらが生み出す面白さなどと関わらせて理解すること。
　㋐ いろいろな音の響きやそれらの組合せの特徴
　㋑ 音やフレーズのつなげ方や重ね方の特徴
(ウ) 創意工夫を生かした表現で旋律や音楽をつくるために必要な，課題や条件に沿った音の選択や組合せなどの技能を身に付けること。

○2段階
(1) 目　標（略）
(2) 内　容
　A　表　現
　ウ　創作の活動を通して，次の事項を身に付けることができるよう指導する。
(ア) 創作表現についての知識や技能を得たり生かしたりしながら，創作表現を創意工夫すること。
(イ) 次の㋐及び㋑について，それらが生み出す面白さなどと関わらせて理解すること。
　㋐ いろいろな音の響きやそれらの組合せの特徴
　㋑ 音やフレーズのつなげ方や重ね方の特徴
(ウ) 創意工夫を生かした表現で旋律や音楽をつくるために必要な，課題や条件に沿った音の選択や組合せなどの技能を身に付けること。

3　指導計画の作成と内容の取扱い
　ク　各段階の「A表現」のウの創作の指導に当たっては，次のとおり取り扱うこと。
(ア) 即興的に音を出しながら音のつながりを試すなど，音を音楽へと構成していく体験を重視すること。
(イ) どのような音楽を，どのようにしてつくるかなどについて，生徒の実態に応じて具体的な例を示しながら指導すること。
(ウ) つくった音楽については，指導のねらいに即し，必要に応じて記録できるようにすること。記録の仕方については，図や絵によるものなど，柔軟に指導すること。
(エ) 拍のないリズム，我が国の音楽に使われている音階や調性にとらわれない音階などを生徒の実態に応じて取り上げるようにすること。

4　特別支援学校の音楽の教科書

　特別支援学校の文部科学省著作本である「おんがく」の教科書（いわゆる星本☆）では、音楽づくりはどのように位置づけられていたのでしょうか。

　教科書は、学習指導要領の改訂時期に合わせて作成されることから、学習指導要領[※2]の改訂ごとにその特徴が反映されています。ここでは、教科書からみた音楽づくりをみていきま

す。

　1963（昭和38）年版の学習指導要領に基づいて、音楽科教科書は初めて作成されました。ここでは、「知能が劣った」児童生徒でも抵抗なく活動でき、「劣った社会性を矯正する」手段として「楽しい」ことがねらいとされています。また、「知識技能」がないので「正しく」演奏することよりも、「自由」を中心にすると記されています。

　1989（平成元）年版の教科書解説書では、通常学校の学習指導要領で音楽づくりが導入されたことから、教科書作成者は音楽づくりの観点を明確に意識していることが読み取れます。音遊びの例は小学部1段階用のみですが、音楽づくりの例は中学部で一挙に増えています。さらに、2009（平成21）年版の教科書や解説書では、小学部1段階用で音遊びの活動例が載り、中学部用で数多くの音楽づくり例が掲載されています。これは指導要領の内容よりもさらに発展させた活動例であり、教科書作成者は学習指導要領作成者よりも音楽づくりを重視していることがわかります。

　以上のように、教科書ではいろいろな音楽づくりの活動例が掲載されています。しかし、筆者が2011年と2023年に実施した特別支援学校音楽授業に関するアンケート調査によると、実際の学校現場では、特別支援学校用の音楽教科書を使用している学校は多くありません。また同調査では「音楽づくりは難しい」、あるいは「やってみたいけれども何をどうしたら良いかわからない」という現場の声が多く示されていました。くわしくは、次のPart 4で述べています。教育の対象となる生徒に適した音楽づくりの活動を考える上で、教科書で記載されている実践例を利用してみてはいかがでしょうか。

※2　1963（昭和38）年版は『養護学校小学部・中学部学習指導要領』、1979（昭和54）年版は『盲学校、聾学校及び養護学校学習指導要領』、2009（平成21）年版は『特別支援学校学習指導要領』と表記されている。

コラム

❺ 学習指導要領における「自由」について

　特別支援学校学習指導要領小学部（知的障害）で記されている「自由」について、その位置づけを整理してみました。1963（昭和38）年版では「自由にからだを動かし」「手・足を自由に動かす」「リズム楽器を自由に打つ」「一音笛を自由に吹く」、1971（昭和46）年版では「自由な身体表現」「自由演奏」「自由にハーモニカを吹く」、そして1979（昭和54）年版では「自由な身体表現」、そして1989（平成元）年版では1段階に「自由に遊んだり」、3段階に「自由な身体表現」として「自由」が記されています。つまり、1963（昭和38）年版、1971（昭和46）年版、1979（昭和54）年版では、正しく演奏することよりは「自由に」「楽しく」することが中心的な活動として考えられていました。

　しかし、1989（平成元）年版までさまざまな項目で記されていた「自由」が、1999（平成11）年版以降は、どの段階にもまったく記されなくなり、2009（平成21）年版では、「簡単」と記されています。「自由」から「簡単」と変更されてきました。これは対象とする児童生徒の障害が重度重複化してきたことが大きく関係していると考えられます。さらに「自由」の意味が吟味されてきたのではないかとも考えます。子どもたちが「自由」に自分の音を鳴らせるためには、教室の雰囲気が大事です。失敗がない活動、指導者や友だちの温かい見守り、自分の音を鳴らす楽しさを感じること。これはまさに音楽づくりの神髄です。

❻「役に立つ」音楽とは？

　小学部学習指導要領の目標は、養護学校が義務制になった1979（昭和54）年版以降、音楽そのものの楽しさを味わうと記されていますが、中学部と高等部は一貫して音楽は、生活を明るく楽しいものにする態度と習慣を育てると記されています。

　昨今、文部科学省が推奨する、キャリア教育重視の観点から、小学部段階では音楽そのものを楽しんでいてもよいが、中学部や高等部になると、生活を明るく楽しいものにすることに役に立つ音楽が必要とされてきていることが読み取れます。

　しかし、どの学部であっても、歌唱・器楽・鑑賞のいずれの分野においても、音楽は何かの役に立つためだけではなく、音楽の表現活動そのものに意味があると考えるべきではないでしょうか。

Part 4
特別支援学校の音楽授業に関するアンケート調査より

Part 4 特別支援学校の音楽授業に関するアンケート調査より

　2011年に「滋賀県内養護学校高等部での音楽授業の現状と課題」（以下、2011年調査）を、2023年に「滋賀県内・京都府内特別支援学校音楽授業調査」（以下、2023年調査）として、特別支援学校における音楽授業の現状や授業者の悩みについて、アンケート調査を行いました。その結果と考察を簡単にお伝えします。

▪ 調査の概略

　2011年調査では、滋賀県内特別支援学校高等部12校（12学部）を対象、2023年調査は、京都府内特別支援学校と滋賀県内特別支援学校合わせて計41校（64学部）を対象とした。回答者は、特別支援学校の音楽授業の主担当者[※1]とした。両調査は、特別支援学校における音楽授業の教育課程上の位置づけや音楽担当者の悩み、そして音楽づくりの実施状況と課題等を明らかにすることを目的に実施した。また、両調査を比較し、約10年で音楽授業の実態と課題はどのように変わったのか、特に2017年に特別支援学校学習指導要領に音楽づくりが明記された影響を検討・考察している。

　両調査は、問1は音楽の授業実態や担当者の思いに関する設問、問2は回答者の属性に関する設問で構成している。2023年調査の具体的な設問内容は2011年調査を踏襲しているが、一部2023年調査のみの設問もある。アンケート結果の数値や自由記述、およびその分析や考察については、岡（2013・2024）に記している。ここでは、アンケート調査結果については、数値を表として示し、その結果に関係する分析や考察については本文で記している。

▪ 回答者の属性

1. 教職経験

　2011年調査は比較的若い層の割合が多く、平均勤務年数や経験した学部種別も少なかったが、2023年調査は平均勤務年数17年であり、中堅層が多かった。【図表1】

【図表1】教職経験

	2011年調査	2023年調査
1 幼稚園	0%	1.6%
2 小学校	8.2%	21.0%
3 中学校	18.4%	30.6%
4 高等学校	24.5%	16.1%
5 特別支援学校小学部	36.7%	59.7%
6 特別支援学校中学部	38.8%	61.3%
7 特別支援学校高等部	22.4%	62.9%
8 その他	6.1%	4.8%

※1　特別支援学校ではチームティーチング体制で音楽授業を実施している場合が多いが、その中で年間指導計画や学習指導案を提案し、授業の中心指導を担っている教員を指す。

【図表2】演奏できる楽器

2011年調査では、ウクレレの項目は設定していない。平均値も算出していない。
★は最大値。☆は次に大きい値。

1行目 2011年調査 2行目 2023年調査		1 よく 演奏できる	2 少し 演奏できる	(1＋2) 演奏可能	3 あまり 演奏できない	4 全く 演奏できない	平均値
1 ピアノ	n=43	☆23.3%	★44.2%	(67.5)	16.3%	16.3%	—
ピアノ	n=62	★47.6%	☆31.7%	(79.3)	9.5%	9.5%	1.80
2 エレクトーン	n=42	0%	★33.3%	(33.3)	★33.3%	★33.3%	—
エレクトーン	n=60	15.9%	☆28.6%	(44.5)	17.5%	★37.3%	2.72
3 ドラム	n=41	2.4%	12.2%	(14.6)	☆19.5%	★65.9%	—
ドラム	n=60	6.7%	☆26.7%	(33.4)	23.3%	★43.3%	3.03
4 ギター	n=43	4.7%	14.0%	(18.7)	☆34.9%	★46.5%	—
ギター	n=59	3.4%	23.7%	(27.1)	☆32.3%	★35.6%	3.05
5 ウクレレ	n=58	5.2%	☆27.6%	(32.8)	15.5%	★51.7%	3.14
6 バイオリン	n=41	0%	4.9%	(4.9)	☆7.3%	★87.8%	—
バイオリン	n=59	0%	☆19.4%	(19.4)	10.2%	★69.5%	3.50

2．楽器の演奏経験

楽器の演奏力は、回答者の「主観的な判断で」あるが、6つの楽器の中で「よく演奏できる」人が多い順に、ピアノ、エレクトーン、ドラム、ギター、ウクレレ、バイオリンであった。

音楽の主担当であっても、ピアノが「全く演奏できない」人が2011年で16.3%、2023年調査でも9.5%いることがわかる。さらにピアノ以外の楽器は、「全く演奏できない」人が33.3％（エレクトーン）〜87.8％（バイオリン）までいる。

【図表2】に両調査を比較した。

3．中学校・高校・大学において、音楽関係の部活・サークルへの所属経験の有無

この項目は、2023年調査のみ設定した質問である。回答者の約6割が、音楽関係の部活に所属しており、所属していたクラブの内訳は、【図表3】のようになっていた。

【図表3】所属していたクラブの内訳（2023年調査）

1 吹奏楽	69.4%
2 軽音楽	8.3%
3 邦楽	5.6%
4 オーケストラ	8.3%
5 合唱	38.9%
6 アカペラ	8.3%
8 その他	5.6%

4．所持免許

音楽免許所持者は、2011年調査と比べると、中学校音楽が28.6%から67.2%[※2]、高校音楽が28.6%から52.5%[※3]に上がっている【図表4】【図表5】。これは両調査の調査方法のちがいが関係していると考えられる（2023年調査では、各校の音楽主担当者のうちの代表1名に回答を依頼したため、音楽免許所持者が代表となることが多かった）。

ここで注目したいのは、音楽の主担当者であっても、音楽の免許を持っていない人が3〜4割いることである。

※2　分母：中学校教員免許所持者数、分子：中学校音楽免許所持者数の割合。

※3　分母：高等学校教員免許所持者数　分子：高等学校音楽免許所持者数の割合。

特別支援学校免許については、2011年調査では55.1%、2023年調査では60.0%[※4]に増加している。

文部科学省は免許保有率100%を目指して取り組みを進めている。令和元年の文部科学省の調査では、特別支援学校教員における、特別支援免許所持率は83.0%であり、本調査の方が所持率は低くなっている。

2023年調査で、クロス分析をすると中高音楽免許所持者が特別支援学校免許を所持している割合は、中学校音楽免許所持者で56.0%、高校音楽免許所持者で47.0%となっており、音楽の教員免許所持者は特別支援学校免許を所持している割合は相対的に低いことが示されている。ここについては音楽専科の存在や、大学での免許取得課程との関係等、さらなる分析と検討が必要である。

■ 調査の結果

1. 音楽授業の集団編成原理

音楽の授業集団は、課題別集団で実施されていることが多いことがわかる。クラス単独での課題別とクラス合同での課題別を合わせた課題別集団で実施されている割合は、2011年調査では89.8%、2023年調査では57.4%となっている。2023年度は、2011年度と比べると、学年別での実施が増えていることがわかる。【図表6】

【図表6】音楽の授業の編成原理

	2011年調査	2023年調査
1 学部全体	0%	5.7%
2 課題別クラスごと	26.5%	26.4%
3 課題別クラス合同	63.3%	31.0%
4 学年別クラスごと	4.1%	14.9%
5 学年別クラス合同	4.1%	10.3%
6 その他	―	11.5%

2. 授業時間

2023年調査における平均授業時間は、小学部では、週に1.3回でのべ60.3分、中学部では、週に1.2回でのべ58.3分であった。

また、週1回45分が21.4%（24人）、50分が25.9%（29人）で合わせて47.3%、週2回計90分が13.4%（15人）で大きく2つの山がみられた。【図表7】【図表8】

2011年調査では、40分から60分が57.5%、

【図表4】所持教員免許（中学校教科）

	2011年調査	2023年調査
中学校免許以外	28.8%	8.2%
中学校音楽	28.6%	67.2%
中学校社会	24.5%	11.5%
中学校国語	4.1%	3.3%
中学校英語	4.1%	4.9%
中学校保健体育	16.3%	3.3%
中学校数学	0%	1.6%
中学校理科	4.1%	0%
中学校美術	2.0%	0%

【図表5】所持教員免許（高校教科）

	2011年調査	2023年調査
高校免許以外	22.7%	31.1%
高校音楽	28.6%	52.5%
高校社会	22.4%	4.9%
高校国語	4.1%	3.3%
高校英語	4.1%	4.9%
高校保健体育	16.3%	3.3%
高校理科	6.1%	0%
高校美術	2.0%	0%
高校福祉	2.0%	0%

※4　分母：教員免許所持者数　分子：特別支援学校教員免許所持者数の割合。

【図表7】授業回数等（2023年調査）

		最小値	最大値	全体平均	小学部	中学部	高等部
週あたり回数	n=112	1回	3回	1.3回	1.3回	1.2回	1.2回
週あたり時間	n=112	30分	120分	60.1分	60.3分	58.3分	61.1分
児童生徒数	n=104	1人	109人*	8.9人	7.1人	7.0人	9.7人
指導者数	n=103	1人	14人	3.4人	3.4人	2.8人	2.9人
指導者1人あたり児童生徒数		ー	ー	2.6人	2.1人	2.5人	3.3人

＊児童生徒数109人は全校数と推測される

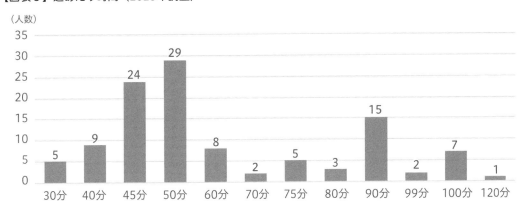

【図表8】週あたり時間（2023年調査）

60分から120分が19.2％、120分以上が5.5％であったことに比べると、2023年調査の方が学校によるバラつきが少なくなり、画一化してきていることを読み取ることができる。

3. 授業場所

2011年調査では、音楽室を使用しているのは27.4％だったが、2023年調査では、音楽室は63.4％となり、教室17.9％、プレイルーム7.1％、その他11.7％であった。2023年調査で、音楽室利用が増えたのは、アンケート回答者に音楽免許をもった教員が多かったことが影響していると考えられるが、それでも音楽室を使用しているクラスは、約6割に留まっている。【図表9】

【図表9】授業場所

	2011年調査	2023年調査
音楽室	27.4％	63.4％
教室	47.9％	17.9％
プレイルーム	9.6％	7.1％
音楽室と教室	その他 13.7％	4.5％
病室と教室とプレイルーム		2.7％
自立活動室		0.9％
多目的室		0.9％
音楽療法室		0.9％
教室とプレイルーム		0.9％
会議室とプレイルーム		0.9％

4. 音楽免許の有無と授業担当との関係

音楽免許のある教員でも、自分のクラスの音楽を担当しないことが20.3％あり、自分のクラスとは別に他のクラスの授業を担当しているのは約半分である。一方、音楽免許のない先生が音楽の授業を担当することが7割近くあり、音楽免許所持者が音楽授業を担当するとは限らないことが改めて示されたことになる。【図表10】

【図表10】音楽免許の有無と担当授業の関係

1 音楽免許有り	2 音楽免許有り	3 音楽免許無し	4 音楽専科	
45.3% （他クラス担当無し）	51.6% （音楽授業担当有り）	17.2% （音楽授業担当無し）	62.5% （いない）	40.0% （常勤専科）
39.1% （他クラス担当有り）	20.3% （音楽授業担当無し）	67.2% （音楽授業担当有り）	23.4% （いる）	53.3% （非常勤専科）
15.6% （無回答）	28.1% （無回答）	15.6% （無回答）	14.1% （無回答）	6.7% （無回答）

5. 年間指導計画作成時に参考にしたものは何か

2011年調査で多かった「校内独自の指導内容表」が、2023年調査では、8割から5割程度に減り、「研修会や自分の経験」についても7割から5割に減っていた。反対に、2011年調査では少なかった「特支学習指導要領」が、2023年調査には2割から7割に激増していることがわかる。また、「特支音楽教科書」を参考にした割合は、2.0%から11.3%に微増しているが、依然として少ないことがわかる。【図表11】

【図表11】年間指導計画作成特に参考にしたもの

	2011年調査	2023年調査
1 小中高学習指導要領	12.2%	25.8% ↑
2 特支学習指導要領	20.4%	74.2% ↑↑
3 特支音楽教科書	2.0%	11.3% ↑
4 研修会や自分の経験	73.5%	51.6% ↓
5 校内独自の指導内容表	77.6%	46.8% ↓↓
6 その他	12.2%	4.8%

6. 音楽の授業で大事にしたいこと

両調査ともに、「子どもたちも先生も楽しむこと」「子どもたちの主体的な表現を大切にすること」が自由記述の上位を占めていた。2023年調査には、「個々のニーズに合わせて」「様々な領域での活動を保障すること」「仲間と一緒に活動する楽しさや達成感を感じる」「卒業後も含めた日々の生活を豊かにすること」等が記されていた。

7. 音楽づくりの実践経験と学習指導要領の明記の認知

2023年調査では、音楽づくりを経験した人が57.8%、指導要領への明記を知っている人が54.7%いた。2011年調査での音楽づくり経験は49.0%であったことと比べると、僅かに多くなっていた。

しかし、「5.年間指導計画作成時に参考にしたものは何か」でみたように、特別支援学校学習指導要領を参考にしている人が74.2%いるにもかかわらず、指導要領に音楽づくりが明記されたことを知らない人が43.2%もいる。また、明記を知っている人と音楽づくり経験との相関性は高いことから、音楽づくりの実践を広めるためには、現場の先生方が「知ること」、つまり音楽づくりの研修機会が必要であることが読み取れる。さらに、音楽の免許所持と指導要領明記を知っているかどうかのクロス分析からは、明記を知っている人は、全体では54.7%だが、中学音楽の免許がある人は63.0%、高校音楽の免許のある人は60.0%、特別支援学校の免許がある人は70.0%となり、音楽や特別支援の免許所持者

【図表12】指導要領への明記を知っている人と音楽づくりを経験したことがある人の関係（2023年調査）

		音楽づくりの経験	
		ない	ある
指導要領への明記	知らなかった	27%	16%
	知っていた	13%	44%

【図表13】音楽免許の所持と音楽づくり経験の関係（2023年調査）

	全体	音楽免許あり	特別支援免許あり
2011年調査	49.0%	71.0%	―
2023年調査	57.8%	中学70.0% 高校72.0%	60.0%

【図表14】音楽免許の所持と学習指導要領への明記を知っている人の関係（2023年調査）

	全体	音楽免許あり	特別支援免許あり
知っている	54.7%	中学63.0% 高校60.0%	70.0%

は、音楽づくりについての関心が高いことがわかる。【図表12・13・14】

8. 今後、音楽づくりに必要なこと

多い順に、音楽づくりのワークショップが75.4%、必要な楽器を揃えることが45.9%、音楽づくり研修会が39.3%であった。【図表15】

9. 音楽づくりを経験してこなかった理由と研修の必要性

音楽づくりを実施してこなかったと回答した人に対して、その理由について聞いたところ、2011年調査では、「対象生徒には難しいから」が40.0％で最も多く、次に「機会があればやろうと思っていた」が20.0％、「考えたことがなかったから」が16.7％、「どんなことをすれば良いかわからないから」が12.0％であった。2023年調査でも、「考えたことがなかったから」「機会があればやろうと思っていた」が26.9％、次いで「対象生徒には難しいから」が23.1％であった。先の設問とのクロス分析では、音楽づくりを知る機会がなかった人が多いこと、また機会があればやろうと思っていた人や、どんなことをすればよいかわからないという人が一定数いることから、研修会のニーズの高さが示されているといえる【図表16】。また音楽免許の所持者は大学（院）の授業等で音楽づくりを学ぶ機会があるが、音楽免許のない人は自分が音楽を担当するまで音楽づくりの研修機会が

【図表15】今後、音楽づくりに必要なこと

音楽づくりのワークショップ	75.4%
必要な楽器	45.9%
音楽づくり研修会	39.3%
アドバイザー派遣	27.9%
演奏家派遣	16.4%
その他	4.9%

【図表16】音楽づくりを実践してこなかった理由

	2011年調査	2023年調査
1 対象生徒には難しいから	40.0%	23.1%
2 対象生徒にはやさしすぎるから	0%	0%
3 考えたことがなかったから	16.7%	26.9%
4 どんなことをすればよいかわからないから	12.0%	15.4%
5 機会があればやろうと思っていた	20.0%	26.9%
6 その他	12.0%	15.4%

少なかったことが読み取れる。

10. 音楽担当者の悩み

2011年調査では、自分が音楽の専門ではないことや、生徒の実態課題の幅が広いことから、生活年齢や課題に合った授業の内容や方法を考えることがむずかしいこと、さらに楽器や設備の不足についても記されていた。2023年調査でも、児童生徒に応じた教材を使って、自己表現の楽しさや達成感を味わわせたいと考えているが、自分の授業力が不足していることや、指導体制や学習環境が整っていないために、思うような授業ができないことを悩んでいることがわかる。また、2023年調査では、「語り合う仲間が欲しい」人が一定数いたことは、2011年調査とは異なる点である。

▪ Part 4 のまとめ

この2つのアンケート調査からは、

- 音楽づくりを実践している人が、2011年の49.0％から2023年の57.8％に増えている。
- 音楽づくりが指導要領に明記されてから、4年経っているにもかかわらず、実践している人は6割もない。
- 音楽づくりを実践していないのは、音楽づくりを知らない人や、音楽づくりはむずかしいと考えている人が多いことが理由である。

ということがわかる。

あらためて、2つの調査を受けて、特別支援学校の音楽授業の実態と課題についてまとめてみたい。特別支援学校での音楽の授業は、感覚過敏や固執性、そして自己表現が苦手な子どもたちを対象にすることが多い。また、対象とする集団は、生活年齢、発達年齢も障害種別もさまざまなため実態幅が広く、人数も多い。

その中で、指導者は、子どもたちが、「わかって」「楽しめる」教材を工夫し、個々のニーズに応じた配慮を行うことが求められている。しかし、現状は音楽室も楽器も指導者数も不足している状況である。施設設備面、指導者数の確保等の基本的な教育条件はすぐにでも整えられるべきと考える。

また、音楽免許所持者が音楽担当になるとは限らないことや、音楽担当者は、どのような授業をすればよいかと日々悩み、その解決のために研修の機会を切望していることが明らかになった。

音楽の授業で必要なことは、音楽の専門教育を受けてきたことだけでなく、目の前の子どもたちが出している、あるいは出そうとしている音に耳を傾け、その音表現を的確に捉えること、そして音を使った子どもたちとのやりとりを楽しめることである。

音楽づくりが特別支援教育の中で果たす役割は大きいと考える。繰り返しになるが、2023年調査によると、音楽づくりを実践している人は約6割である。実践していない理由として、対象の子どもたちにとっても、指導者にとっても「音楽づくりは難しい」と回答している人が多い。

発達的に幼い子どもや障害特性から言葉でのやりとりやイメージをもつことがむずかし

い場合、メロディーづくりや友だちと合わせる活動はむずかしい。しかし、子どもたちや指導者の音楽の概念を拡げることで、たとえば、自分が鳴らす音そのものに気持ちを向けることや、言葉ではなく音でやりとりすること、非拍節的な音楽や、その音に浸ることで、子どもに適した音楽づくりを行うことは十分できることを、これまでの実践研究で示してきた。また、指導者にとってのむずかしさを軽減するためには、音楽づくりの知識やイメージがもてる文献や、創作の楽しさを体験できる研修会が必要であると考える。

本調査の回答者の傾向は大きく2つに分かれた。1つは特別支援教育における音楽授業の魅力をすでに十分に実感しているため、生き生きと日々の授業を実践している先生方である。そしてもう一方は、子どもたちが心から楽しめる音楽を実践したいと切望しているにもかかわらず自分には知識も実践力もない、だからこそ研修を受けたい、もっと知りたいという熱い思いをもっている先生方である。アンケートを経て、私はどちらの先生方の思いにも胸が熱くなり、特別支援教育における音楽の魅力は尽きないとあらためて確信した。

コラム

❼ 音楽の正しさ

ここで少し「音楽の正しさ」について考えてみました。

2023年調査で、「正しさ」について記されていたのは、聾学校教員の「発声時の正しい言語指導」のみであり、これは聴覚障害教育の重要な柱である発声・発話訓練との関係が大きいと考えられます*。ただし、この「正しさ」も「一人一人の音の聞こえ具合」や「仲間と一緒に演奏を合わせることの大切さや楽しさ」と併記されていました。2017（平成29）年版の小学校学習指導要領解説では、たとえば、低学年歌唱分野では「音程が不確かだったり、一定の速度を保てなかったりする傾向」があるため「正しい音程感覚」が必要、さらに「ていねいに発音」「きれいな発音」「正しい音程やリズム」が記されています。しかし、同年版の特別支援学校学習指導要領音楽の歌唱領域では、「発音などに気を付けて歌う技能」と記されていますが、「正しく」とは記されていません。学習指導要領で記されているのは「楽しむ」ことです。

これは、特別支援学校音楽の1つの特徴といえます。

* 作田ら（2018）は聴覚障害小学部に焦点を当てた質問紙調査から「聴こえへの配慮とともに音楽は楽しいという気持ちを育てること」の大切さを指摘している。

コラム

❽ベトナムでの音楽づくり

「国がちがって言葉が通じなくても、音でやりとりできる」「障害のある子どもたちと音でつながりあいたい」と考え、2023年9月と2024年2月にベトナム・ハノイにある2か所の障害児療育センターで、トガトンとコップを使った音楽活動を行いました。ベトナムでの音楽活動の詳細については、別稿で論じたいと思っています。ここでは、活動の様子と私の感想を簡単にお伝えします。

対象とした子どもたちは2歳から青年まで、主な障害は知的障害であり、自閉スペクトラム症、肢体不自由、視覚障害、聴覚障害、言語障害等をあわせもっています。また、発達的には、話し言葉が未獲得な段階から書き言葉を駆使している段階までさまざまであり、発達段階や障害によってクラス分けされていました。

これらのクラスで、①音探し、②1人での音楽づくり、③2人での音楽づくりの3つの活動を組み合わせた音楽活動を実施しました。具体的な活動内容を少し紹介します。まず、楽器の提示と音探しです。子どもたちに期待感をもたせながら楽器を提示し、興味・関心を引きつけたところで楽器を1人ずつ手渡していきます。最初から演奏方法は示さずに、子どもたちに任せます。トガトンの場合、筒の横を手で叩く、指で弾く、縦向きや横向きにして床で打ちつける等のいろいろな奏法で音を鳴らしていました。なかには楽器に触れようとしない子どももいましたが、その時は無理に持たせるのではなく様子を見ることを大切にしました。その後、1人ずつ自分の見つけた音の発表や、指導者と子どもの音のかけあいや、状況によっては子ども同士やセンターの指導者同士のペアもつくりました。

そして、子どもたちは自分が出した音がその場で認められる雰囲気の中で、生き生きと自分や友だちの音楽表現を楽しむ姿が随所に見られました。しかし同時に研究上の課題も感じました。

それは、言葉の壁です。子どもたちとは、アイコンタクトや表情や身振り手振り、そして音を使ったやりとりで一緒に音楽をつくる楽しさを共有できました。もちろん、通訳の方に入ってもらい、私の言葉をベトナム語で伝え、先生方や子どもたちの言葉も適宜日本語で伝えてもらいました。通訳の方は、とても勘のいい方で私の研究コンセプト、子どもたちへのかかわり方のポイントについて、日本でのサブ指導者と同様に、いやそれ以上に理解してもらっていました。でも、あちらこちらで話されているやりとりのすべてはわかりません。

たとえば「この子はとても慎重に小さい音を出していたね」「今、この子どんな音を出そうか考えているね」「隣の友だちをじっと見ていたので、きっと自分も音を出すと思うから、ちょっと待ってみよう」とその時々の子どもの表情や動きを、リアルタイムにベトナムの指導者の方と共有できないもどかしさがありました。

この体験は、言葉の壁がない日本のメリットを改めて感じることになりました。日本では中心

指導者と、サブ指導者とは授業前に子どもの見方や授業のねらい等を共有し、授業中も子どもたちや指導者同士でさまざまなやりとりをしています。

たとえば「この奏法やこの音は、さっきの○○さんの真似（アレンジ）だね」「これは、いつもこの子が見ているＴＶをヒントにした音だね」という子どもへの言葉かけや、子どもの言動の意味づけ、子どもに今言葉をかける方がいいのか、指導者とのかかわりをメインにするのか、友だちとのかかわりを促していくのか等、さまざまな情報を指導者間で共有しています。

また、言葉の壁とともに文化のちがいも感じました。日本では、複数人での音楽づくりで、最後に「せーの」とかけ声をかけることで、その場にいるみんながタイミングを合わせて音を出すことで曲の終わりをつくることができます。ベトナムで「そーれっ」「せーの」と、タイミングを合わせる時にどんなかけ声をするのか、何人もの方に聞きました。聞いた方々の回答はしばらく考えた後「モッ、ハーイ。バー」（ベトナム語の1、2、3）と言った後、あるいは「モッ、ハーイ」と言った後にタイミングを合わせた「バー」で音を出すとのことでした。言われたとおりに試してみましたが、中々うまくいきません。

困っていた私を助けてくれたのは、あるクラスの子どもでした。子どもとの息をあわせて、アッチェレランド（だんだん速く）していった後に、急に雰囲気を変えてトガトンを上げると、子どもとピッタリ目を合わすことができ、その一瞬後に、タイミングを合わせて、ポンと1回床で叩くことで、音楽を終えることができました。気持ちが通い合った瞬間です。この動きと音は、見ていた子どもたちや指導者にも伝わりました。この方法は、他のクラスでもうまくいきました。ベトナムでの音楽づくりでは、音でやりとりすることの拡がりと奥深さを感じました。

ベトナムでの活動は、音楽づくりの肝を感じた貴重な体験でした。

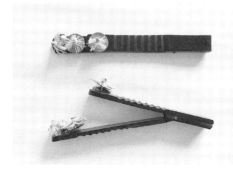

ベトナムの祭りで使う楽器

ベトナムの小物打楽器（一体型）

〔引用・参考文献〕

- 岩田晏実・相良 侑亮・澤田 眞一・谷川 史郎・中野 恵・森重 行敏・森重 恭典・門内 良彦・山崎 潤一郎・山田 栄（2007）『実用音楽用語事典』ドレミ楽譜出版社
- 上野智子・竹澤大史・近藤親子・菅道子（2022）「特別支援学校における音楽科及び音楽を活用した『自立活動』に関する実態調査」『和歌山大学教職大学院紀要：学校教育実践研究No.7』pp.39-49
- 岡（黒田）ひろみ（2013）「特別支援学校における音楽づくりの可能性―音楽授業に関するアンケート調査から」『滋賀大学大学院教育学研究科論文集第16号』、pp.25-34
- 岡ひろみ（2014）「特別支援学校における『音楽づくり』の実践的意義と可能性―高等部での授業実践を通して考える」『人間発達研究所紀要No.27』、pp.68-82
- 岡ひろみ（2015）「特別支援学校における音楽づくり―楽器の特徴と生徒の発達的特徴との関連」『音楽教育実践ジャーナルvol.12no.2（通巻24号）』、pp.108-119
- 岡ひろみ（2016）「幼稚園における『音楽づくり』に見られる発達的特徴―3歳児クラスと4歳児クラスでの活動分析から」『人間発達研究所紀要No.29』、pp.18-27
- 岡ひろみ（2016）「特別支援学校における打楽器を使った音楽づくり―専門家派遣事業（文部科学省）の採択を受けて」『音楽教育実践ジャーナルvol.14（通巻27号）』、pp.24-33
- 岡ひろみ（2018）「特別支援学校における音楽づくり―重度知的障害のある児童生徒との音楽表現を通して」『障害者問題研究第46巻第3号』、pp.178-185
- 可児麗子・岡ひろみ・林睦（2018）「打楽器奏者と音楽をつくるアウトリーチ活動―特別支援学校での取り組みを中心に」『滋賀大学教育学部附属教育実践総合センター紀要第26巻』、pp.85-92
- 岡ひろみ（2019）「特別支援学校における音楽づくり」『音楽教育研究ハンドブック』、日本音楽教育学会設立50周年記念出版、音楽之友社
- 岡ひろみ・林睦（2021）「特別支援学校における音楽づくりの実践的研究―スリットドラムを使った実践を中心に」『滋賀大学教育学部紀要第70号』、pp.111-123
- 岡ひろみ・林睦（2022）「特別支援学校における音楽づくりに関する一考察―音楽家とのコラボレーションに焦点をあてて」『滋賀大学教育学部教育研究実践論集第4号』、pp.139-145
- 岡ひろみ（2023）「肢体不自由クラスにおける音楽づくりの意義と可能性―筋ジストロフィー症の高等部生徒の場合」『花園大学社会福祉学部研究紀要第31号』、pp.67-83
- 岡ひろみ（2024）「特別支援学校音楽授業の比較調査研究―2011年調査と2023年調査との比較」『花園大学社会福祉学部研究紀要32号』、pp.23-43
- 黒沢隆朝（2019）『世界楽器大事典 第6版』雄山閣
- 作田佳奈美・湯浅哲也・加藤靖佳（2018）「特別支援学校（聴覚障害）小学部における音楽科授業の取り組みに関する検討：音楽科を担当する教員を対象にした質問紙調査を通して」『筑波大学特別支援教育研究12』、pp.83-94
- 柴田南雄（1988）『改訂版 音楽史と音楽論』放送大学教育振興会
- 島崎篤子（1993）『音楽づくりで楽しもう！』日本書籍
- 島崎篤子（1996）『音と友達・音楽あそび』音楽之友社
- 島崎篤子・加藤富美子（1999）『授業のための日本の音楽世界の音楽』音楽之友社
- 白石正久（1999）『発達とは矛盾をのりこえること』全障研出版部
- 角倉一朗（1989）『図解音楽事典』白水社
- 高倉弘光（2012）『子どもがときめく音楽授業づくり』東洋館出版社
- 高倉弘光・上原淑枝（2013）『みんなで楽しむおすすめ音楽活動』学事出版
- 田中昌人・田中杉恵（1984）『子どもの発達と診断3　幼児期Ⅰ』大月書店
- 田中昌人・田中杉恵（1986）『子どもの発達と診断4　幼児期Ⅱ』大月書店
- 坪能由紀子（1995）『音楽づくりのアイディア』音楽之友社

- 坪能由紀子・伊野義博（2008）『小学校学習指導要領の解説と展開　音楽編―Q&Aと授業改善のポイント』教育出版
- 野村誠・片岡祐介（2004）『即興演奏ってどうやるの』あおぞら音楽社
- 松本恒敏・山本文茂（1991）『創造的音楽学習の試み―この音でいいかな？』音楽之友社
- 文部科学省（2012）『おんがく☆』東京書籍
- 文部科学省（2012）『おんがく☆☆』東京書籍
- 文部科学省（2012）『おんがく☆☆☆』東京書籍
- 文部科学省（2012）『音楽☆☆☆☆』東京書籍
- 文部科学省（2011）『おんがく☆　おんがく☆☆　おんがく☆☆☆教科書解説』東京書籍
- 文部科学省（2012）『音楽☆☆☆☆教科書解説』東京書籍
  なお奥付には、☆〜☆☆☆は小学部知的障害用、☆☆☆☆は中学部知的障害用と記されている。
- 文部科学省(2009)『特別支援学校学習指導要領解説　総則等編（幼稚部・小学部・中学部）』教育出版
- 文部科学省(2009)『特別支援学校学習指導要領解説　総則等編（高等部）』海文堂出版
- 文部科学省(2018)『特別支援学校幼稚部教育要領　小学部・中学部学習指導要領』海文堂出版
- 文部科学省(2018)『小学校学習指導要領（平成29年告示）解説　音楽編』東洋館出版社
- 文部科学省(2018)『特別支援学校学習指導要領解説　各教科等編（小学部・中学部）』開隆堂
- 文部科学省(2019)『特別支援学校高等部学習指導要領』海文堂出版
- 文部科学省(2020)『特別支援学校学習指導要領解説　知的障害者教科等編（上）（高等部）』海文堂出版
- 文部科学省(2022)『特別支援教育を担う教師の養成、採用、研修等に係る方策について（通知）』(https://www.mext.go.jp/b_menu/shingi/chousa/shotou/173/mext_00031.htm）2022年5月閲覧
- 山本文茂（1992）「創造的音楽作りとは何か―『サウンド・アンド・サイレンス』を考える」『季刊音楽教育研究』音楽之友社
- 横川雅之・池田邦太郎・斉藤明子（2001）『授業にすぐ役立つ！「音」を「楽」しむ『音楽』の旅』音楽之友社
- ジョン・ペインター、ピーター・アストン（1982）『音楽の語るもの』山本文茂・坪能由紀子・橋都みどり共訳、音楽之友社
- トレヴァー・ウィシャート（1987）『音あそびするもの よっといで１』坪能由紀子・若尾裕共訳、音楽之友社
- Ｒ．マリー・シェーファー（1980）『教室の犀』高橋悠治訳、全音楽譜出版社
- リリ・フリーデマン（2002）『おとなと子どものための即興音楽ゲーム』山田衛子訳、音楽之友社
- R．マリー・シェーファー（2006）『世界の調律―サウンドスケープとはなにか』鳥越けいこ・小川博司・庄野泰子・田中直子・若尾裕訳、平凡社
- R．マリー・シェーファー（2009）『サウンド・エデュケーション』鳥越けい子・若尾裕・今田匡彦訳、春秋社
- R．マリー・シェーファー・今田匡彦（2009）『音さがしの本―リトル・サウンド・エデュケーション』春秋社

おわりに

　七夕の日曜日、私は障がい児者とその保護者の会で、音あそび活動を楽しみました。いろいろな楽器を使って「好きな音を見つける、つなげる、重ねる」活動として、連続で行っているワークショップです。言葉でのやりとりがむずかしい方とも少しずつ音でやりとりできるようになってきました。この日は、みんなが大好きなトガトンに加えて、アンクルンで「たなばたさま」の演奏にもトライし、会場は心地よい竹の響きに包まれました。参加している方々も、回を重ねるたびに見通しをもって穏やかにじっくり楽しめる時間が増えてきました。

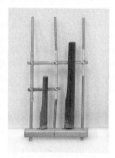

アンクルン

　私が特別支援学校で働いていた時には、子どもたちや先生方それぞれと、ゆっくりじっくり関わりたいと思ってきました。子どもたちが自分の思いを出すこと、その思いを受け止めること、先生同士で子どものことを語り合うこと、このためにはゆったりとした時間が必要です。

　しかし、今の特別支援学校では、社会に出た時に困らないために、あるいは周りに迷惑をかけないために、効率的で正しい方法を早く身に付けることが求められています。

　音楽づくりは、効率的ではありません。子どもたち1人1人の表現を大事にする活動です。中には自分に自信がない子どももいます。失敗することを恐れている子どももいます。音楽づくりは、そんな子どもたちと先生が一緒に音楽を楽しむ活動です。音楽づくりには、子どもの思いも先生たちの思いも大切です。

　大学の教員になってから、トガトンを使った研修会をする機会が多くなりました。参加者からは「こんなにほめられたのは久しぶりです」「こんな楽しい活動なら自分も音楽を好きになっていたかもしれません」「自分の音楽ができあがっていくのは心地よかったです」「音って、いろいろありますね」「音は1つじゃない、子どもの接し方も1つじゃない」「音楽は共通語ですね」等々、うれしい感想をたくさんいただきます。音楽が嫌いな人も好きな人も、自分を表現することが苦手な人も得意な人も、是非、この本を傍らに置いて、みんなで音楽づくりを楽しみましょう。

　すぐに答えを求めずに、その場所でその時にその人が出す音を楽しんでください。答えは子どもたちが示してくれますよ。

2024年7月

岡　ひろみ

著者プロフィール

岡 ひろみ（おか ひろみ）

京都市生まれ、大津市在住
立命館大学産業社会学部産業社会学科　卒業
京都教育大学重複障害教育教員養成課程（1年課程）　修了
滋賀大学大学院教育学研究科障害児教育専攻修士課程　修了

1988年　京都府立聾学校
1988年～2022年　滋賀県立特別支援学校
2022年～　花園大学社会福祉学部臨床心理学科

本文イラスト／福山 智子

特別支援学校の音楽づくり
子どもが見つけた音でつくる楽しい授業

2024年9月15日　初版発行

著　者●ⓒ岡ひろみ｜Hiromi Oka｜
発行者●田島英二
発行所●株式会社 クリエイツかもがわ
　　　〒601-8382 京都市南区吉祥院石原上川原町21
　　　電話 075(661)5741　FAX 075(693)6605
　　　https://www.creates-k.co.jp
　　　郵便振替　00990-7-150584
デザイン●菅田　亮
印刷所●モリモト印刷株式会社
ISBN978-4-86342-375-6 C3037　printed in japan

本書の内容の一部あるいは全部を無断で複写（コピー）・複製することは、特定の場合を除き、
著作者・出版社の権利の侵害になります。

好評既刊　　　［定価表示］

鉄オタ集結！
「好き」を強みに♡発達障害のある子の居場所「鉄オタ倶楽部」

富井奈菜実・越野和之・別府哲／編著

困難ととらえられがちな「こだわり」を「好き」に変え、他者とつながり、自分を知っていく子どもたち。奈良教育大学特別支援教育研究センター「鉄オタ倶楽部」の活動。　　　　　　　　　　　　1430円

母ちゃん☆センセ、笑ってなんぼ　発達障害のある子どもと創る希望ある生活

山口歩・杉本温子・玉村公二彦／著

パワフルで細やかな母ちゃん、厳格であたたかい特別支援学級教師、破天荒でやさしい大学教員がその選択は誰のために？　何のために？　と問いながら、障害のある子どもたちと創り出してきた、穏やかな生活と教育。　　　　　　　　　　　　　　　　　　　　　　　　　　　　　　　　　　　　　1870円

特別支援教育は幸福を追求するか　学習指導要領、資質・能力論の検討

三木裕和／著

学習到達度調査PISAから眺める学力、特別支援学校学習指導要領改訂が求めるもの、そして、実践からみえる若者の感覚とこれからを歩む権利。教育現場が必要とする知見をわかりやすく、鋭く問う。　　　　　　　　　　　　　　　　　　　　　　　　　　　　　　　　　　　　　　　1870円

「自分づくり」がひらく未来　子どもの願いを支える教育課程の創造

川井田祥子／監修　鳥取大学附属特別支援学校／著

学校教育で多用される「自分づくり」とはどんなものだろう。教育と発達の視点から「自分づくり」をとことん追究、子ども・若者たちの内面の育ちを大切にした教育課程を創り出す。　　　　1980円

障害のある若者と学ぶ「科学」「社会」気候変動、感染症、豪雨災害

丸山啓史／編　國本真吾・澤田淳太郎・塩田奈津・村上穂高／執筆

学ばなくてもさしあたり支障がないことと思われがちな、現代的な課題に関わる「科学」「社会」の学習。「わからないはず」「わかっているはず」と思い込まない授業づくりが、学びの楽しさ、大切さを創り出す。　　　　　　　　　　　　　　　　　　　　　　　　　　　　　　　　　　1650円

あなたの好きな歌はなぁに？
音楽療法士がおくる楽しいうた絵本

二瓶明美／著

おなかの赤ちゃんに、手あそびしながら、かたづけの合図として、生活のなかに音楽を！　乳幼児期にぴったりな、やさしい、楽しい歌と楽譜30曲。保・幼・小・療育・音楽教室でも使える。　　　1650円

自閉症児・発達障害児の教育目標・教育評価
1　子どもの「ねがい」と授業づくり

障害のある子どもの授業づくりを考える仲間の中で、文化にふれて、子どものねがいはあふれ出す。そのエネルギーをどうとらえるか。

2　「行動障害」の共感的理解と教育

「行動障害」のある子どもの理解に迫る激しい行動の内側で子どもが本当に伝えたいことは何か。その、目に見えないところをわかりたい。

三木裕和、越野和之、障害児教育の教育目標・教育評価研究会／編著　　　　　　　　　　各1540円

https://www.creates-k.co.jp/